MEISTER SERAPIS BEY

ISBN 3-9807560-0-9
© 2001 DIE BRÜCKE ZUR FREIHEIT E.V.
Ballenstedter Straße 16 B, D-10709 Berlin
Telefon 030 / 8 91 20 62
Postgirokonto Berlin 270 909-105, BLZ 100 100 10

Sprengt die Grenzen Eures Bewußtseins
Tretet ein in das Zeitalter der Freihcit
Öffnet Euch dem Licht

GELEITWORT

Die Zensuren der Lichtwelt für die Menschen sind bedrükkend, doch unter ihrem liebevollen Blick können sich noch viele wandeln, um die nötigen Impulse aufzunehmen, die mit den Veränderungen einhergehen werden.

Wir sind jedem Lichtarbeiter dankbar, der mithilft, das Licht auf diesem dunklen Stern zu vermehren. So sollen auch die folgenden Seiten dazu dienen, Anstöße für immer intensiveres Bemühen zu geben. Wir wünschen jedem, der sein Augenmerk auf den Inhalt dieser Schrift richtet, ein offenes Gemüt für die Wahrheiten, die darin enthalten sind.

Mit dem Segen des Lichtes der starken Aufstiegskräfte mögen sie sich über die Welt verbreiten!

In Liebe SERAPIS

21. Februar 1995

Kosmische Brennpunkte in Atlantis

Atlantis war ein mächtiger Erdteil, der große Gebiete des heutigen Atlantischen Ozeans umfaßte.

Die Atlanter erreichten unter der Leitung ihrer Priester-Könige hervorragende geistige Fähigkeiten, beherrschten die Naturgesetze, auch das Gesetz der Präzipitation. Kunst und Wissenschaft standen in höchster Blüte. Sie öffneten sich mehr und mehr dem kosmischen Licht, lernten mit Lichtenergien umzugehen, und die Menschheit erreichte ihren Höhepunkt an Schönheit und Stärke.

Das kosmische Urlicht, viel heller, viel klarer und reiner als unser Sonnenlicht, wurde von atlantischen Priestern gehütet und zum Segen allen Lebens verwendet.

Sie nutzten die Kräfte und Eigenschaften dieses kosmischen Urlichtes, das der Träger allen Lebens ist - wie die Menschen der heutigen Zeit die Solarenergie und andere Sonnenkräfte nutzen.

Unser Sonnenlicht spaltet sich in sieben Regenbogenfarben auf - so wird auch dieses kosmische Urlicht in sieben Hauptstrahlen zerlegt. Genauso, wie aus dem Sonnenlicht verschiedene Farbschwingungen herausgefiltert und zu unterschiedlichen Zwecken benutzt werden, so wurde auch das Urlicht, die reine göttliche Lebensessenz, in verschiedene Farbschwingungen aufgespalten und zum Segen allen Lebens benutzt.

Diese sieben kosmischen Strahlen ernährten damals wie heute alles Leben mit ihren göttlichen reinen Kräften und Eigenschaften.

Die Atlanter hatten die Fähigkeit entwickelt, bewußt mit diesen Strahlenkräften umzugehen, und errichteten Tempel für die Brennpunkte des heiligen Feuers.

Die Architektur dieser Brennpunkte war von beispielhafter Schönheit und Zweckmäßigkeit. Die prachtvollen Tempel, in denen die für die Menschen sichtbaren Strahlenkräfte gehütet wurden, dienten verschiedenen göttlichen Tugenden, und die Besucher wurden mit der Farbschwingung erfüllt, die sie für ihre Gesundheit, ihr Wohlergehen benötigten. So entfaltete sich eine große Kultur unter der liebevollen Leitung der Meister des Lichtes.

Große Weisheiten wurden den Menschen offenbart, aber das Volk begann nach und nach die göttliche Energie zu mißbrauchen. Ihre hohen geistigen Fähigkeiten verführten sie zu schwarzer Magie, sogar einige Priester wirkten mit dunklen Praktiken und benutzten die Kräfte der Anrufung zu persönlichen und selbstsüchtigen Zwecken. Alle Warnungen der weißen Priesterschaft, die Atlantis in eine Katastrophe steuern sah, verhallten ungehört.

Je mehr sich die Vollkommenheit der atlantischen Kultur ihrem Ende näherte, um so präziser wurden die Pläne, die die Große Weiße Bruderschaft entwarf, um die verschiedenen Brennpunkte des heiligen Feuers in sichere Gegenden der Erdoberfläche zu verlagern. Noch bevor der Rest von Atlantis - die Insel Poseidonis in den Fluten versank, wurde vertrauenswürdigen Priestern und Priesterinnen der Auftrag erteilt, diese Strahlenkräfte an ihre neuen Bestimmungsorte zu bringen.

Der große S E R A P I S B E Y war Priester im Aufstiegstempel von Atlantis. Ihm war die Pflicht und auch die Ehre zuteil geworden, die kristallweiße Strahlung - die Flamme der Klarheit, der Reinheit und des Aufstiegs - von Atlantis nach Luxor zu bringen.

S E R A P I S   B E Y fuhr mit seinen Getreuen in einem offenen Boot in östlicher Richtung. Es war eine gefährliche Reise - jeden Augenblick konnte Atlantis in den Fluten versinken, und die Auswirkungen dieses gewaltigen Geschehens betrafen die ganze Erde.

S E R A P I S und die Seinen atmeten während der gefahrvollen Reise auf die Flamme, um sie am Leben zu halten - ja, sie beschützten sie mit ihren Körpern.

So erreichten sie das Nildelta und fuhren in ihrem Boot, ihrer inneren Stimme folgend, 480 Meilen nilaufwärts. Sie ruderten im Wettlauf mit der Zeit. Kaum daß sie mit der kostbaren Flamme ägyptischen Boden betraten, zeigte ihnen ein mächtiges Beben den Untergang von Atlantis an.

Der Tempel in Luxor

Aus alten Überlieferungen können wir uns ein Bild des Tempels machen, den SERAPIS mit seinen Getreuen und vielen Helfern in Luxor errichtete.

Die heilige Stätte wird von einer hohen Mauer umgeben, deren Ecken vier Türme zieren. Blickt man durch eines der schmiedeeisernen Tore, bietet sich unserem Auge ein paradiesisch schöner Garten dar mit herrlichen Blumenrabatten und Wasserspielen. Vogelgezwitscher und liebliche Düfte erfreuen unsere Sinne.

In diesem traumhaften Garten erblicken wir einen großen weißen, in vollkommenem Quadrat errichteten Bau, in dessen lichten Hallen die Aufstiegsflamme pulsiert.

Das Sanktuarium von Luxor ist der geistigen Welt als die letzte Station derer bekannt, die vollkommene Beherrschung ihrer niederen Körper erreicht haben. Durch das Tor von Luxor in die ewige Freiheit zu schreiten, ist letztendlich das Ziel jedes Menschen, und die Triebfeder dazu ist in jedem Lebensstrom verankert.

Diese ewige Freiheit, die dem Lebensstrom erlaubt, in dieser und anderen Dimensionen zu leben, den sogenannten Tod zu überwinden - wie JESUS und BUDDHA und viele Aufgestiegene Meister es uns erklären - ist nur durch Disziplin zu erreichen. Noch bevor Meister SERAPIS dieses Ziel, seinen Aufstieg ins Licht oder auch den Ausstieg aus irdischen Begrenzungen, erreichte, inkarnierte er als der sagenhafte König Leonidas von Sparta, dessen Name seit Jahrhunderten für die Menschen den Inbegriff der Disziplin darstellt. Er ist der Schöpfer des spartanischen Geistes.

Die vollkommene Disziplin von Luxor drückt sich in einer kraftvollen Schwingung der Klarheit und Reinheit aus, die durch diese geweihte Stätte pulsiert.

Klar und einfach ist auch die Einrichtung für die Tempelbesucher: ein Strohsack, ein kleiner Tisch mit einer Flasche reinen, funkelnden Trinkwassers - auf dem Fußboden ein kleiner orientalischer Gebetsteppich. Kein Bild, kein Buch ist in diesem spartanisch eingerichteten Raum zu finden - ein Fenster, durch das man nur schauen kann, wenn man den einzigen Stuhl dieses Raumes besteigt.

In dieser kargen Umgebung ist jeder Schüler gezwungen, sich mit seinem inneren Meister zu verbinden - in die Stille zu gehen und sich auf das große Ereignis vorzubereiten, zu Meister SERAPIS gerufen zu werden.

Der Meister wird dann auf das Licht im Herzen des Anwärters schauen und erkennen, welche Schulungen und Aufgaben für ihn noch erforderlich sind, um das Christusbewußtsein in sich zu entwickeln.

Was wird der Schüler empfinden, wenn er vor IHM steht - SEINE Augen ihn durchdringen und alles sichtbar wird, was sich in seinen vier niederen Körpern angesammelt hat? Wird er entfliehen wollen? Oder wird er sich geloben, seine menschliche Natur zu reinigen - um in Zukunft vor der Reinheit und Klarheit dieser Augen bestehen zu können?

Welche Erleichterung des Aspiranten, wenn dann der große Meister lächelt und seinen Segen erteilt!

Luxor bietet die Möglichkeit, zur Selbstdisziplin, zu immerwährendem Frieden und innerer Harmonie zu finden - hier muß der Schüler lernen, sein Licht auszuweiten, bis es sich in all seinen Tätigkeiten offenbart.

Große Büchereien mit kostbaren Bänden erfreuen uns in Luxor - aber es gibt keinen Lehrer, niemand, der die Suchenden anleitet. Wir finden viele Kunstschätze - Botschaften, Geheimnisse, Gesetze über die Unsterblichkeit. Alle Hilfsquellen des Tempels stehen dem Suchenden zur Verfügung - doch niemand gibt eine Anleitung. Jeder ist auf die Intuition seines Herzens angewiesen.

Heute pulsiert der Tempel im feinstofflichen Bereich über Luxor, und wir können ihn in unserem projizierten Bewußtsein aufsuchen.

MEISTER SERAPIS RÄT UNS IN EINER BOTSCHAFT:

Einmal wird das Rad eurer Geburten und Tode zum Stillstand kommen. Dann, geliebte Freunde, ist der Zeitpunkt für die große Befreiung gekommen. Das Tor von Luxor ist für euch geöffnet, und ihr könnt hindurchgehen - ihr habt den Sieg errungen.

Sollte dies nicht, so hoffen wir, in diesem Leben sein? Alle Möglichkeiten liegen in euch, ihr habt die Kenntnis, ihr habt die Werkzeuge, um dieses Ziel zu erreichen. Was euch noch fehlt, geliebte Freunde, ist die unerschütterliche Überzeugung, dieses Ziel zu erreichen, ist der Glaube, daß ihr von den großen Möglichkeiten, die euch gegeben sind, auch den rechten Gebrauch machen könnt.

Laßt diese Überzeugung in euch wachsen, gleich, an welchem Punkt ihr heute noch steht - glaubt daran, daß allein ihr es seid, die den Zeitpunkt bestimmen, an dem ihr eure Freiheit erreicht.

Die Gelegenheit, die ihr in dieser Verkörperung erhalten habt, bedingt durch das Herandämmern des neuen Zeitalters und die damit verbundene Schwingungserhöhung, ist einmalig in der Geschichte der Erdenmenschheit. Ihr habt euch darum beworben, in dieser Zeit verkörpert zu sein, weil euch das große Ziel vor Augen schwebte, und ihr hattet beschlossen, daran mitzuarbeiten, daß auch die übrige Menschheit von diesen großen Möglichkeiten erfährt. Geliebte Freunde, ihr habt die Aufgabe in diesem Leben angenommen, habt getan, was ihr versprochen hattet, und so kann nun auch euer Ziel, die göttliche Freiheit, sich verwirklichen. Ihr selbst habt die Voraussetzungen dafür geschaffen. Nehmt die Stufen, die noch vor euch liegen, voller Vertrauen unter die Füße und laßt euch führen von denen, die diesen Weg gegangen sind und wissen, wo die Hindernisse liegen. Laßt euch raten und helfen, und ihr werdet frei von allen Zweifeln, die noch am Wege liegen.

Luxor hat, wie schon in uralten Zeiten, seine Tore den Menschenkindern geöffnet, die willens sind, gleich euch das Ziel anzuvisieren, und so kommt, geliebte Freunde, nehmt euch die Freiheit, zu gehen und zu tun, was euch beliebt. Ihr habt die Möglichkeiten, hier zu lernen, zu studieren, zu üben, ihr könnt aber auch die starken Flammenkräfte in euch aufnehmen und sie hinaustragen in die Ebenen der Dunkelheit.

Kommt und wirkt, wie euch euer inneres Licht eingibt zu tun, so werdet ihr das Ziel dieser Schulung, das für jeden ein anderes ist, erreichen. Wir haben Übungen für euch vorgesehen, die eure inneren Kräfte wecken sollen und dazu dienen werden, dem Licht zum Durchbruch zu verhelfen.

O ihr Freunde, erfreut euch der Strahlung hier und der Hilfe eurer Brüder und Schwestern, die so sehr wünschen, euch frei zu sehen. Erkennt wieder die Gelegenheit und laßt euch einhüllen in den Mantel der Liebe, der euch jederzeit dient und eure innere Strahlung anregt und verstärkt.

ICH BIN euer Freund aus alter Zeit

SERAPIS BEY

SPRENGT DIE GRENZEN EURES BEWUSSTSEINS!

Das verlorene Paradies

Die paradiesischen Zeiten sind für die Menschen in weite Ferne gerückt. Erst wenn sie gelernt haben, bewußt selbst daran zu arbeiten, sie wieder zu erreichen, werden sie langsam in Erscheinung treten. Nur Menschen, die aufrichtig gewillt sind, ihre Charakterschwächen abzulegen, kommen ihnen etwas näher.

Das „Paradies" ist kein Ort, an den der Mensch gehen kann, wo ihm ohne eigenes Zutun ein Leben in Glück und Schönheit geschenkt wird - es ist ein Zustand, der erworben werden muß!

Im Anfang lebten die Menschen in Unschuld und Harmlosigkeit, noch ohne eigene Verantwortung in einem paradiesischen Zustand. Die „Vertreibung" erfolgte, als ihr Bewußtsein erweckt wurde und sie sich aus der innigen Verschmelzung mit ihrem Ursprung lösten und ihr Dasein sie zu formen begann. Dieser langsame Entwicklungs- und Reifeprozeß der menschlichen Individualität ist nicht denkbar ohne Führung und Belehrung, und die großen Lenker der Erdenwelt haben immer wieder hochentwickelte Lehrer gesandt, damit sich die Menschen nach einem Vorbild ausrichten konnten.

Auch in der heutigen Zeit ist dies nicht anders, doch durch die übergroße Zahl von Lebensströmen, die gegenwärtig verkörpert sind und die zu den verschiedensten Entwicklungsstufen gehören, hat es die geistige Welt zugelassen, daß auch zahlreiche etwas höher entwickelte Menschen aus der Erdenentwicklung diese Rolle übernehmen. Dadurch ist die Vielfalt der geistigen Lehren entstanden, die jedem Suchenden etwas bietet. Doch er hat eigenverantwortlich zu entscheiden, welche für ihn die rechte ist. Dabei lernt er und sammelt Erfahrungen, die wichtig für eine schnellere Entfaltung sind. Doch die Zeit rückt näher, da die „Spreu vom Weizen" getrennt wird, und mit zunehmendem Fortschritt werden die Suchenden erkennen, welche Lehren aus den reinen Quellen der Lichtwelt kommen und welche eigennützigen Zielen entspringen. Diese Erfahrungen sind wichtig für jeden einzelnen. Sie festigen sein Vertrauen in die göttlichen Weisheiten und bringen ihn seinem persönlichen Paradies näher.

Der Mensch hat eine zweifache Natur - eine menschliche und eine göttliche.

Beim Aufsteigen aus dem menschlichen in das göttliche Bewußtsein geht eine stufenweise Schwingungserhöhung der niederen Körper vor sich. Dieser Reifungsprozeß ist für jeden Menschen vorgesehen, auf welcher Stufe er sich auch befindet.

Erleuchtung ist nicht nur eine Erfahrung des Augenblicks, sondern eine schrittweise Erkenntnis, die sowohl in den einzelnen Inkarnationen als auch während des Aufenthaltes in den inneren Reichen erarbeitet werden kann. Je mehr sich das Bewußtsein ausweitet - erleuchtet wird -, desto stärker wird die lichte Ausstrahlung dieses Menschenkindes, das mehr und mehr seiner göttlichen Bestimmung zustrebt. Jedes Lebewesen hat den göttlichen Funken in sich - und dieser Funke ist immer und ewig gleichen Ursprungs. Jeder Mensch auf dem Planeten Erde gehört zur Menschheitsfamilie, und durch das göttliche Licht, das alle miteinander verbindet, bilden sie eine Schicksalsgemeinschaft. Jeder Mensch ist gleichberechtigt, unterschieden vom anderen nur durch die Stufe seiner Entwicklung.

Es gibt keinen Tod

In dem Augenblick, wenn sich das Bewußtsein aus dem physischen Körper zurückzieht, löst sich die Silberschnur, sie wird durchtrennt - physischer und Ätherkörper bleiben zurück wie ein abgelegtes Kleid, das seine Aufgabe erfüllt hat.

Jeder Lebensstrom hat das unzählige Male erlebt - aber da unser heutiges Denken in sehr einengenden Bahnen verläuft, sind diese alten Weisheiten, besser gesagt Wahrheiten, verschüttet, verlorengegangen.

Die Einführung in die Gesetzmäßigkeiten des Universums und der Menschheitsentwicklung wurde den Schülern früherer Zeiten in den Mysterienschulen vermittelt. Auch heute noch gibt es solche Schulen in den inneren Reichen, und wenn ein Schüler einen bestimmten Punkt seiner Entwicklung erreicht hat, erhält er alle erforderlichen Belehrungen.

Die Schulungen und Arbeiten, denen ihr euch in den Lichtstätten unterzieht, dienen dem Aufbau eurer inneren Kräfte und der Wissensvermittlung, auch wenn euer Tages-Bewußtsein keine Erinnerung daran hat. Eines Tages wird dies der Fall sein, und ihr werdet euren Lehrern bewußt gegenübertreten und wahre Mitarbeiter sein. Das ist der Weg jedes Eingeweihten, und auch ihr Schüler werdet ihn gehen.

Die Weisheit, die dem menschlichen Entwicklungsweg zugrunde liegt, sieht alle Gelegenheiten vor, um dem Strebenden die Möglichkeiten zum Wachstum zu geben. Es ist zuerst eine lange Periode der Dunkelheit zu überwinden, bis der Lichtfunke im Herzen aktiviert wird, dann folgt eine Periode des Lernens und der Erweiterung der guten Eigenschaften bis hin zur allumfassenden Liebe, und erst dann ist der Mensch reif für gezielte persönliche Belehrungen.

Dies alles zieht sich oft über viele Leben hin, wobei Rückschläge nicht ausbleiben und manches Leben vertan wird.

Der menschliche Entwicklungsweg führt immer wieder durch das Tor der Geburt und durch das Tor des sogenannten Todes. In Wahrheit ist der Tod eine Verwandlung, eine Lichterfahrung, die Geburt in ein höheres Sein - denn das Erdenleben ist unsere Schulung.

Nach dem Ablegen des irdischen Gewandes geleitet ein Engel den Lebensstrom in ein Reich der Ruhe, wo es nach einer Periode des Ausruhens Begegnungen mit Verwandten und Freunden gibt, falls sie nicht wieder verkörpert sind.

Dann kommt ein Bote des Karmischen Rates mit einer Vorladung. (Hier wird von einem Durchschnittsmenschen gesprochen.)

Nähern wir uns den Hallen des Karmas, die im feinstofflichen Bereich liegen, sieht man die großen Tore weit geöffnet - wir sind überwältigt von der Größe des Gebäudes. Einige Lebensströme werden von strahlenden

Lichtwesen begleitet, andere kommen in Gruppen, von Engeln geführt, aber alle Lebensströme, die durch die Pforte des sogenannten Todes gegangen sind, haben liebevolle Begleiter bei sich.

Hier werden jedem Lebensstrom die guten Taten und auch die verpaßten Möglichkeiten vor Augen geführt. Hier wird entschieden, was zwischen den Verkörperungen geschieht, und es wird allen überdeutlich klar, wie töricht es ist, sich mit unnötigen Dingen zu beschäftigen und soviel Zeit zu vergeuden. Denn es gibt nirgends eine bessere Möglichkeit des Lernens als auf dem irdischen Plan.

Eine Lichtfreundin berichtet aus den feinstofflichen Bereichen

Meine lieben Freunde!

Den euch Vorausgegangenen wird es immer schwerer, sich auf eure irdischen Belange einzustellen, je weiter sie voranschreiten. Das Geschehen, das auch uns früher fesselte, ist uns so fern gerückt, daß wir uns manchmal fragen, wie es uns je interessieren konnte!

Natürlich seid ihr noch mitten im Weltgeschehen und habt euch damit auseinanderzusetzen. Doch müssen wir euch aus unserer Sicht - genau wie unsere großen Lichtfreunde - sagen, daß es nicht im entferntesten so wichtig ist, wie ihr glaubt. Mit den Ewigkeitsaugen betrachtet, verliert irdisches Geschehen seinen Schrecken, weil wir die Zusammenhänge erkennen und wissen, daß alles, was den Menschen als schweres Schicksal erscheint, einzig ihrem eigenen Verschulden ent-

springt. So gesehen, sind die Geschehnisse harte Lehren für die Betroffenen, die sie oftmals auf den rechten Weg führen. Wir haben in unseren Reihen viele Freunde, die in ihrem irdischen Leben einen geistigen Weg gingen und die nun erkennen, wieviel wichtiger und wirksamer die Arbeit ist, die uns die großen Meister lehren. Auch ich kann euch sagen, daß alles, was ihr an Kräften in Bewegung setzt, sofort eine Wirkung hat und vieles klärt, was an Verwicklungen die Menschen beunruhigt. Auch körperliche Ordnung kann damit wiederhergestellt werden, wenn Krankheiten den Menschen plagen.

Ich wünsche euch schon in eurem irdischen Leben viele neue Erkenntnisse, die dann auch zur Anwendung kommen müssen. So könnte alles, was euch bedrückt, in kürzester Zeit abgebaut werden. Doch ich weiß selbst, wie schwer das ist, wenn man nicht die nötige starke Überzeugung hat, weil noch nicht zu sehen ist, was geschieht. Laßt euch diese Überzeugung übertragen von einer, die den gleichen Weg ging wie ihr und die sehr zu leiden hatte unter den Versäumnissen und Unterlassungssünden, die noch lange den Weg zur Höhe versperrt haben. Das Bewußtsein, nicht getan zu haben, was möglich gewesen wäre, lastet schwer, und euch davor zu bewahren, habe ich die Erlaubnis zu dieser Botschaft erhalten.

Ich grüße euch, nun schon aus den lichteren Reichen, und bin euch innig verbunden.

Es sind gigantische Pläne, die dem großen universalen Schöpfungsprozeß zugrunde liegen, und darin eingebettet ist auch das menschliche Dasein auf dem kleinen Erdenplaneten. Alle Schöpfung folgt diesem großen Plan, nur der Mensch hat sich daraus entfernt. Er hat vergessen, daß er göttlichen Ursprungs ist, daß er das Licht in sich trägt und ebenfalls in den großen Schöpfungsprozeß eingegliedert ist.

Dieses Licht im Inneren, das jeden Lebensstrom trägt, wieder zum Leuchten zu bringen, seine volle Strahlkraft zu entwickeln - ein vollkommener Mensch zu werden, so wie JESUS CHRISTUS es uns vorgelebt hat, ist der göttliche Plan, der in jedem Menschen verankert ist.

In jedem Erdenleben wird den einzelnen Seelen die Chance zur Höherentwicklung geboten - und wenn es nicht freiwillig geschieht, sorgen äußere Umstände dafür. Unter dem Druck von Leid und Schmerz erleben viele Menschen ihre Hinwendung an die göttliche Quelle. In den Hallen des Karmas, die jeder Lebensstrom durchschreitet, nachdem er sein irdisches Kleid abgelegt hat, wird entschieden, wo er sich zwischen den Verkörperungen aufhalten soll.

Dieses Urteil wird niemals im Sinne von Strafe gefällt, sondern es wird immer so ausfallen, daß der Seele die größtmögliche Hilfe zur Entwicklung des verborgenen Herzenslichtes gegeben wird. Oft werden Zeugen aufgerufen, denen die Seele im Erdenleben Gutes erwies. Auch die Tiere zeugen für erwiesene Wohltaten, und alles wird zu Protokoll genommen.

Es ist selten, daß eine Seele vor dem Karmischen Rat erscheint, die nicht mindestens einen Lebensstrom aufzuweisen hat, dem sie im Erdenleben Gutes erwies.

Wenn eine Seele in geistiger Sicht bewertet und ihr „Licht" gemessen wurde, wird sie in die entsprechende

Sphäre gebracht, um zu lernen und sich auf eine neue Inkarnation vorzubereiten.

Es gibt kein sogenanntes „Fegefeuer", wie es einige Kirchen lehren, aber es gibt einen Ort, wo jeder seine eigenen Schwächen erkennt und bewußt daran arbeitet, sie abzubauen.

Hat der Karmische Rat zugestimmt, eine Gelegenheit zur Wiederverkörperung vorzusehen, wird das Karma des Lebenstromes geprüft und eine passende familiäre Umgebung gefunden, um die Fehler vergangener Leben wieder gutzumachen.

Das jedem einzelnen zugemessene Karma wird sehr sorgfältig abgewogen - damit keinem Lebensstrom mehr Karma auferlegt wird, als er wirklich tragen und ausgleichen kann.

So etwa ist der Werdegang eines Durchschnittsmenschen - eine Stufe, die jeder Lebensstrom entweder schon durchwandert hat, oder aber eine Stufe, die er auf der Himmelsleiter noch erreichen muß.

Das Reich der Schläfer

Menschen, die in ihrer seelisch-geistigen Entwicklung noch in den Kinderschuhen stecken, die sehr energielos oder denkfaul sind und lieber ins Nichts, ins Vergessen hinübergehen, die durch großen Schrecken oder gewaltsamen Tod gehen, treten in das Reich der Schläfer ein, um sich auszuruhen.

Hier steht jedem ein Ruhelager zur Verfügung, und herrliche Blumen hüllen diese Lebensströme ein.

Engel halten Wache - und wenn die Schlafenden erwachen, dürfen sie mit ihren Lieben sprechen, bis auch hierher ein Bote des Karmischen Rates eine Vorladung bringt.

Viele wollen weiter ruhen und weigern sich zu erwachen und versagen sich damit selbst die Höherentwicklung. - In der heutigen Zeit ist der Aufenthalt im Reich der Schläfer auf eine gewisse Zeit begrenzt, weil auch hier die Schwingungserhöhung, die den ganzen Planeten erfaßt hat, spürbar ist.

DIE ERDGEBUNDENEN

Das sind Lebensströme, die noch an der Materie hängen und heftige irdische Liebe oder Haß auf Menschen und Dinge mit sich tragen. Auch wenn sie die Pforte des Todes durchschritten haben, wollen sie nicht wahrhaben, daß sie nicht mehr zur physischen Erscheinungswelt gehören. Sie klammern sich an Dinge, die sie am meisten liebten oder haßten. Sie leben von der Lebenskraft ihrer Opfer. (Viele solcher Seelen könnten durch Anrufungen befreit werden, wie uns in einer aufschlußreichen Botschaft übermittelt wurde.)

* * *

Ein starker Kraftpunkt in einem Wald, eine frühere Thingstätte, wurde von unserer Gruppe besucht - wir hielten dort einen Reinigungsdienst und empfingen von dem Hüter dieses Gebietes folgende Botschaft:

„Im Namen der allumfassenden göttlichen Schöpfung, aus der alles Leben hervorgegangen ist, sind auch wir mit euch zusammen angetreten, um altes Unrecht umzuwandeln - und im Namen der mächtigen violetten Flammenkraft und ihrer großen Lenker sehen wir das Dunkel weichen... Es ist noch viel alte Schuld in dieser Gegend gebunden, und auch wir haben manches davon entfernt. Doch menschliches Unrecht muß durch Menschen gesühnt werden, und alle diejenigen, die mit diesem Unrecht verbunden waren, tragen die Rückwirkungen. Doch ihnen kann geholfen werden, wenn auch sie sich bemühen, gutzumachen.

Die hier verankerte Kraft ist gut, ist licht, einer der strahlenden Brennpunkte in der irdischen Welt. Von dieser Kraft zehrten die Menschen früherer Jahrhunderte. Doch nicht immer haben sie diese Kraft im guten Sinne benutzt. So danken wir euch Menschenkindern, die an der Auflösung alles dessen mitwirken, was hier noch an negativen Kräften gebunden war. Auch die Naturwelt in dieser ganzen Umgebung wurde davon beeinträchtigt.

Ich bin einer der Lenker, der als Hüter in dieses Gebiet gesandt wurde, und danke euch Menschenkindern, daß ihr mithelft, die gebundenen Energien zu befreien. So wird die strahlende Schönheit des hier verankerten Lichtes wieder hervorleuchten können, und Mensch, Tier und Natur werden es als wohltuend empfinden. Wir verbinden mit diesem Dank auch unsere Bitte, weiterhin für die Reinigung zu sorgen, denn es sind auch gebundene Seelen hier, die sich noch nicht von diesem Platz trennen können. Sofern jedoch die Energien immer reiner und strahlender werden, müssen auch sie sich lösen und ihren Weg ins Licht gehen.

Diese Bitte möchten wir anfügen. Nehmt euch dieser Seelen an. Durch euch Menschen erkennen sie eher, welches ihr Weg ist. Sie nehmen euch wahr, uns dagegen schenken sie kaum Glauben. So laßt die lichten Kräfte weiterhin durch dieses ganze Gebiet fluten zum Segen der Natur und zum Segen künftigen Lebens, das diese Gegend als Lebensraum wählt.

Das Ungute in der Welt ist weit verbreitet. Dies ist nur ein Punkt davon, doch wenn es viele solcher lichtausstrahlender Zentren gibt, wird überall das Reinigungswerk dafür sorgen, daß die Dunkelheit vergeht. Nehmt den Dank und den Segen aus unseren Reichen an und bleibt unsere Freunde, denen wir unsere Gaben zu Füßen legen."

Die Erdgebundenen halten sich im Astralreich auf und weigern sich, vor dem Karmischen Rat zu erscheinen. Diese Weigerung verhindert den Eintritt, die Geburt in ein neues Leben.

Jede Seele ist nach göttlichem Gesetz verpflichtet, die zerstörerischen Energien, die sie einst aussandte, zu reinigen und sich selbst einer Läuterung zu unterziehen.

Der Karmische Rat teilt diesen Lebensströmen eine bestimmte Sühne zu, auch werden sie zu gewissen Schulungen herangezogen. Aber alles geschieht in unendlicher Liebe und Geduld - es gibt keine Verurteilung im irdischen Sinn. Es gibt nur aufbauende Hilfen, und mit zunehmender Entwicklung erkennt jeder Lebensstrom, daß die schwierigsten Zeiten oft auch die fruchtbarsten in seinem Leben waren.

* * *

So ist es auch sinnlos, seinem Leben selbst ein Ende zu setzen. Die Probleme lösen sich dadurch nicht - sie treten auch in den feinstofflichen Reichen auf. Auf dem irdischen Plan, auf unserem Schulungsplaneten Erde gibt es bessere Möglichkeiten der Problemlösung - auch wenn im Moment alles verworren scheint.

Niemals aufgeben - in die Stille gehen - es gibt immer eine Lösung!

KARMA

Jeder Lebensstrom hat in seinen verschiedenen Erdenleben ein gewisses Maß an Karma* aufgebaut. Diese alten karmischen Lasten wirken sich in den niederen Körpern aus.

Der physische Körper, der Gewalttaten, tätliche Angriffe, Mord und dergleichen begeht, bewertet Unmengen vitaler Energie, die sich der Elementarsubstanz der physischen Welt einprägt.

Der Lebensstrom, der dafür verantwortlich ist, muß diese negativ bewerteten Energien wieder befreien.

In früheren Zeiten konnte das nur durch Leiden und Krankheiten geschehen, heute kennen wir die Möglichkeit, mit der violetten Strahlung zu arbeiten.

Jeder Mensch trägt in seinem Ätherkörper die Erinnerungen an alle Erdenleben mit sich und muß dem göttlichen Gesetz Genüge tun und alle negativ bewerteten Energien auflösen - sei es auf dem physischen, astralen oder auch mentalen Plan. Das Göttliche, das kosmische Gesetz, ist unbestechlich - auf eine Reaktion folgt eine Gegenreaktion. Das bedeutet Karma, positiv oder negativ.

---

* Siehe auch:
Grundlegende Instruktionen I & II
  Meister SAINT GERMAIN Die umwandelnde Kraft der violetten Strahlung

Karma ist eine ausgleichende Kraft, und diesem Gesetz untersteht jeder Lebensstrom, auch ein Aufgestiegener Meister.

Dieses Gesetz ist peinlich genau - es existiert, um Negatives auszugleichen, Erfahrungen zu sammeln und unser spirituelles Wachstum zu beschleunigen.

* * *

Die Einstellung eines Menschen zu seiner Umwelt prägt nachhaltig seinen Entwicklungsstand. Er wird in eine bestimmte Umgebung hineingeboren, weil seine karmischen Verflechtungen es so vorsehen. Auch das Land, die Völkergemeinschaft, gehören dazu, denn nichts ist dem Zufall überlassen, was ein Lebensstrom für sein Dasein braucht. Die Erfahrungen, die er zu sammeln hat, die Bedingungen, die zu erfüllen sind, die Menschen, mit denen er zusammenkommt, alles das sind die vorgesehenen Schritte, die sein Karma - negativ wie positiv - für ihn bereithält.

Diesem Kosmischen Gesetz untersteht jede Menschenseele. Nun durchdenkt unter diesen Gesichtspunkten die heutigen Ereignisse in der Welt. Auch sie haben ihren Sinn, wenn er auch für Menschen, die nichts von diesen Gesetzmäßigkeiten wissen, nicht erkennbar ist.

Doch ihr Schüler solltet lernen, hinter allem, was geschieht, die Ursachen und Verflechtungen zu sehen, wenn euch dies auch nicht von der Hilfe und Fürsorge für die Betroffenen befreit. Ihr könnt die Ursachen mildern oder auflösen mit den Mitteln, die euch zur Verfügung stehen, das ist die wichtigste Arbeit. Äußere Hilfe, die die Not der Menschen lindern kann, ist wohl wichtig, aber die unsichtbaren Hintergründe, die zu den Ereignissen führen, aufzulösen, ist die grundlegende Arbeit zur Verbesserung der Lebensbedingungen auf der Erde.

LEBEN IN DEN JENSEITIGEN REICHEN

Millionen gehen jährlich durch das sogenannte Tal des Todes. Jeder Seele werden die ihr geeignete Umgebung und die Lebensströme zugeteilt, die ihrer Schwingung entsprechen - wo sie am besten lernen kann. Neue Verbindungen werden aufgenommen, neue Gemeinschaften entstehen, und auch in den inneren Reichen entwickeln sich die Lebensströme schnell oder langsam - genau wie auf dem irdischen Plan. Die Dauer des Aufenthaltes in den inneren Reichen ist immer der Schwingung, dem Entwicklungsstand der einzelnen Seele angepaßt.

Eine Lichtschwester, seit einigen Jahren in den inneren Reichen lebend, berichtet in einer Botschaft:

Unsere vor mir hinübergegangenen Schwestern und Brüder und ich haben nach Schulungsaufenthalten in den verschiedensten Lichtstätten und der Arbeit in den Zwischenreichen, die auch der Klärung und der Rückschau galt, die höheren Lichtwelten erreicht. Dieses Erleben zu erklären, ist unmöglich, denn der Zustand, in dem man hier lebt, ist so unbeschreiblich herrlich und von Glückseligkeit durchstrahlt, daß man es nicht schildern kann. Hier gibt es keine Unvollkommenheiten mehr, alle Gedanken an das Erdengeschehen bleiben weit zurück, und man kann ausruhen und ganz in den hohen Schwingungen leben. Hier gibt es keine Arbeit wie in den Zwischenwelten, denn alle Wesen, die hier leben, ruhen in ihrer eigenen harmonischen inneren Fülle, in dem Licht, das sie gesammelt haben und das nun geläutert und von allen Schlacken befreit ist. Doch einmal regt sich in vielen der Wunsch, zurückzukehren und all den empfangenen Reichtum weiterzugeben und mit dem Wissen, das einem inzwischen zuteil wurde, anderen zu helfen, die noch mitten in ihren Kämpfen stehen, so wie uns geholfen wurde auf dem Weg in die Lichtwelt.

Wir vertreten die Lehren unserer Großen Meister in den Zwischenreichen und bemühen uns, die Seelen, die zur Wiederverkörperung kommen, dahingehend anzuregen, daß sie die Erinnerung an diese Lehren behalten, wenn sie ihren Erdenweg wandern. Wir bereiten sie genügend vor, so daß sie schon während ihrer Jugendzeit den Drang in sich verspüren, aufgrund der in ihnen ruhenden Ahnungen zu forschen und den Weg zu suchen, der ihnen aufgezeigt wurde.

So haben wir nun vielfältige Aufgaben übernommen, und eine davon ist die Vorbereitung der zur Verkörperung Kommenden. Alles andere wäre schwer verständlich für euch, nur soviel noch, daß wir überall, wo unsere Hilfe gebraucht wird, das Wissen anwenden können, das wir uns gemeinsam erarbeitet haben.

Die großen Lichtfreunde, als deren Schüler wir uns auch weiterhin betrachten, haben so unermeßlich weitverzweigte Aufgaben zu erfüllen, daß wir uns mit unseren Kräften bemühen, ihnen zu helfen, wie auch ihr es in eurem Rahmen tut. Baut weiter auf sie, die sich so liebevoll um jeden willigen Menschen kümmern. Sie sind euch nicht ferngerückt, sondern möchten erreichen, daß ihr selbständig werdet und eure eigenen Kräfte einsetzt. Ich habe den Auftrag übernommen, euch dies zu sagen. Der geliebte E L M O R Y A hält das gesamte BRÜCKE-Werk weiterhin in seiner Obhut. Es ist sein Anlie-

gen, die Schüler so weit zu führen, daß sie Aufgaben in den Inneren Reichen übernehmen können, denn hier muß das Dunkel zuerst aufgehellt werden, bevor es auf der Erde licht werden kann.

Wir haben noch ein gutes Stück Weges bis zur Vollendung - zu unserem Aufstieg - zu wandern, mit immer neuen Aufgaben zur Stärkung unserer Kräfte. Doch auf diesem Wege werden uns so viele Hilfen und auf jede Frage Antworten zuteil, daß es ein freudiges Dienen ist, ohne Unterbrechung durch Schlaf oder all die Tätigkeiten des Erdenlebens, die so viel kostbare Zeit verbrauchen. Wir haben einen riesigen Abstand von alledem gewonnen und können kaum noch verstehen, was unsere irdischen Brüder und Schwestern tun, wo doch der Ernst der Stunde es nötig macht, alle Kräfte für die Reinigung und den Frieden einzusetzen. Könntet ihr euch vorstellen, wie sehr die Welt von der Liebe der Großen Wesen durchdrungen ist, die nie an sich oder ihre eigene Entwicklung denken, sondern ihr ganzes Sein in den Dienst des Lichtes stellen, ihr würdet es ihnen gleichtun!

Wo immer wir sind, dienen auch wir dieser Aufgabe.

In einer anderen Botschaft sagt sie:

Frei und ohne Belastungen aus alten Zeiten - so möchten die großen Lehrer ihre Schüler sehen, damit sie in direkte Verbindung mit ihnen treten können. Zu diesem Zweck habt ihr die Möglichkeiten der Umwandlung und Reinigung erhalten. Sie allein können euch in den Stand setzen, innerhalb der Zeit, die noch dafür zur Verfügung steht, von euren karmischen Belastungen frei zu werden.

Ihr meine Freunde alle, laßt euch inständig um diese Arbeit bitten von einer, die den gleichen Weg wie ihr gegangen ist und heute in der Freiheit des höheren Bewußtseins erkennt, daß wir alle noch viel zu wenig von diesen Möglichkeiten Gebrauch gemacht haben. All die Leiden und Krankheiten, von denen die Schüler noch geplagt werden, müßten nicht sein oder könnten wesentlich gelindert werden, wenn die Gesetzmäßigkeiten, über die wir alle Bescheid wissen, mehr beachtet würden.

Laßt mich euch raten, da ich euch heute viel näher stehe, als es in meiner irdischen Verkörperung der Fall war, euch auch im täglichen Leben immer wieder an die göttlichen Kräfte anzuschließen, denn sie allein sind die wahre Nahrung für jedes Lebewesen, und bewußt benutzt können sie Wunder wirken. Jeder Schüler ist selbst verantwortlich für sein Leben und für das, was er tut. Möge keiner die Schuld für sein Schicksal einem anderen anlasten. Aber jeder hat die Möglichkeit - ja die Verpflichtung -, mit dem Wissen, das uns die Meister seit vielen Jahren übermitteln, zu arbeiten und seine Welt in Ordnung zu bringen.

Die Lichtarbeiter

Hoch entwickelte Seelen verzichten gewöhnlich auf ein längeres Verweilen in den höheren Sphären. Sie wollen eilends zurückkehren, um der Menschheit zu helfen.

Das erklärt oft den Mangel an Körperkraft im Leben solcher Seelen - sie verzichten auf die Ruhepause, die ihre inneren Körper auflädt wie eine gute Nachtruhe. Doch die bewußten Lichtschüler können ihre Körper reinigen und aufladen wie eine Batterie, die von dem kosmischen Urlicht gespeist wird.

Jedes Lebewesen ist ein mehr oder weniger geöffneter Kanal für die kosmischen Kräfte, an die es angeschlossen ist. Die Natur- und die Tierwelt hat noch ihre ursprüngliche Verbindung mit den Lichtkräften, nur der Mensch hat sich im Laufe seines Abstiegs in die dichte Materie verschlossen, so daß oft nur mehr ein spärlicher Strom fließen kann, der sein Leben aufrechterhält.

Ihr Freunde, die ihr das Wissen über diese Zusammenhänge habt, ihr versucht nun, die Verbindung zu eurem göttlichen ICH bewußt wieder herzustellen, damit aus dem dünnen Lichtfaden wieder ein breiter Strom werden kann. Das ist der Sinn eurer Schülerschaft, und so werdet ihr mehr und mehr die Verbindung mit eurem Ursprung wieder erneuern, den strahlenden Lichtstrom erweitern, der euch neue Kräfte und Fähigkeiten eröffnet. Sie liegen in euch, aber sie bedürfen der Anregung durch das Licht.

Die Vollendung des Erdenlebens ist ein Vorgang, für den ihr Schüler die erforderliche Befähigung selbst zu schaffen habt, indem ihr eure inneren Kräfte hervorbringt, die reinen Tugenden und Eigenschaften wieder erweckt und so den Weg bereitet für euren dereinstigen Aufstieg.

Die sich erhöhende Schwingung wird euch schneller bereitmachen, diesem Ziel näherzukommen, doch hat jeder Mensch Gelegenheit, sich das Wissen um diese Zusammenhänge zu erwerben. Macht es euch zu eigen und tragt es weiter zu allen, die noch in der Dunkelheit leben, die vergessen haben, daß sie an den Strom aus ihrer Quelle angeschlossen sind, und auch zu solchen, die sich bewußt abgewandt haben von ihrem göttlichen Ursprung.

Es ist wichtig, daß ihr oft während eures Alltags an diesen Lichtstrom denkt, daß ihr ein Gefühl dafür entwickelt, wie die Lichtkräfte in euch einfließen, daß ihr spürt, wie ihr mit eurer Quelle verbunden seid. In dieser innigen Verbindung wird es euch möglich sein, die Kräfte zu entwickeln, derer ihr für euren weiteren Fortschritt bedürft. Über diesen Lichtkanal fließt alles in euch ein, was euch vorwärtsbringt, was eure inneren Kräfte erweckt und erweitert. Stellt euch diesen Kanal immer wieder erfüllt vor mit dem reinen funkelnden Licht, das in euch einfließt.

Während eurer zahlreichen Erdenverkörperungen benutzt ihr Mal um Mal die reine Gottesenergie für den Ausdruck eurer Lebensformen und -äußerungen. Diese reine Gottesenergie ist das Licht, das unermeßlich große Wesen zur Erde strömen, ihre Lebensenergien also, die für den großen Evolutionsprozeß der Erde zur Verfügung gestellt werden.

Doch was geschieht mit diesen Energien im Laufe eines Erdenlebens... Es ist immer nur der geringere Teil gewesen, der mit reinen Kräften wieder ausgesandt wurde. Der größte Teil der von den Menschen benutzten Lebensenergie wird in niedere Gewänder gekleidet, in dunkle, unschöne Farbtöne und Schwingungen.

Diese reinen Energien nur für aufbauende Zwecke zu benutzen, das ist das Ziel eurer Entwicklung.

MEISTER EL MORYAS AUFRUF AN DIE LICHTARBEITER

Meine geliebten Freunde - so nenne ich euch seit langen Zeiten, ich möchte euch an ein Versprechen erinnern, das ihr einst gabt.

Als ihr vor dem Karmischen Rat standet, machten eure Gelöbnisse die Entscheidung für den Karmischen Rat sehr schwierig. Damit ihr geboren werden konntet, wurde zwei anderen Lebensströmen mit vielleicht größeren Talenten, jedoch geringerer spiritueller Begeisterung die Verkörperung in dieser Zeit versagt.

Jeder von euch brachte seine Anliegen sehr überzeugend vor. Ich weiß es - weil ich auch zugegen war. Ihr sagtet sinngemäß, daß ihr bereit sein würdet, das goldene Zeitalter errichten zu helfen, diese goldene Ära des Meisters SAINT GERMAIN, die allen Menschen Freiheit, Gleichheit, Brüderlichkeit und Frieden beschert.

Ich war anwesend, als ihr gegen zwei Mitbewerber gewonnen habt. Nicht weil eure Strahlkraft stärker als die der anderen war! Eure Begeisterung, eure Einsatzfähigkeit entschieden zu euren Gunsten.

Es ist eine sonderbare Geschichte mit der menschlichen Rasse - wenn ihr auf dem irdischen Plan lebt und eure nächsten Angehörigen kein Verständnis für eure geistigen Pläne haben, dann schleichen sich Zweifel ein, und ihr sehnt euch nach den inneren Welten zurück. Kaum daß ihr euch wieder in den Sphären hinter dem Schleier befindet, bittet ihr um neue Verkörperung. Ihr seht die Landkarten für den Plan des goldenen Zeitalters - die Begeisterung erfüllt euch, und ihr könnt es kaum abwarten, auf die Erde zurückzukehren.

Meine Geliebten, im Namen Gottes, haltet durch und beendet die Aufgabe dieses Mal! Löst die negativen karmischen Bindungen, die euch belasten, im Strom des violetten Feuers auf.

Ich versichere euch, auf welcher Seite des Schleiers ihr euch auch befindet, ihr werdet solange mit jedem Lebensstrom umgehen müssen, bis Harmonie zwischen euch besteht.

Diese karmischen Bindungen reichen oft weit zurück - bis in atlantische Zeiten, und je schneller ihr euch von den karmischen Altlasten befreit, um so leichter wird euer Dasein. Die umwandelnde violette Strahlung ist das beste Hilfsmittel in euren Händen - sei es für euch persönlich oder für den geliebten Erdenstern.

Wenn ihr körperlich, finanziell, geistig oder empfindungsmäßig erschöpft seid, fallt ihr plötzlich in Lethargie.

Bei unseren Bemühungen um die Schüler durch die Jahrhunderte haben wir gesehen, wie sehr Lethargie die eifrigsten und ernstesten Lebensströme herunterzog mit allen Arten von Entschuldigungen, wie Alter, körperliche Behinderungen, Angehörige und so weiter. Die großen, schönen, im Anfang gegebenen Gelöbnisse waren vergessen, bevor sie zur Erfüllung kamen.

Nehmt also keine negative oder enttäuschte Haltung ein - ich warte auf den Augenblick, der euch die Freiheit bringt.

Ihr seid unsere Repräsentanten auf der irdischen Ebene, und ihr sollt Vorbild für die Menschen um euch sein. Vorbilder für Gleichmut, Würde, gute Gesundheit, Spannkraft, Mut, Jugend und Beständigkeit.

Ihr geliebten Freunde - **bestätigt meinen Glauben an euch!**

E L M O R Y A

Das Harmonisieren der vier niederen Körper

Aller Verdruß, alles Leid dieser Welt hat seinen Ursprung in der Unreinheit der niederen Körper. Die niederen sind von der Harmonie der drei höheren Körper getrennt - das Einströmen der göttlichen Energie wird gebremst. Schlecht beeigenschaftete Energie verändert die Schwingung der Elektronen und verursacht Schmerz, Begrenzung und Not.

Das reine göttliche Licht, noch unbewertet, strömt durch die Silberschnur zuerst in den Gedankenkörper. Dort gibt es Gedankenmuster der Angst, des Zweifels, des Spottes, der Kritik und anderes Destruktives mehr. All diese Gedanken haben eine langsame Schwingung, und der Energiefluß des göttlichen Lichtes wird gebremst und erreicht nicht mehr in voller Stärke den Gefühlskörper - wo es weiter durch Gefühle des Ehrgeizes, der Selbstsucht, des Neides usw. viel von seiner vollkommenen Wirksamkeit verliert.

Wenn der Ätherkörper (der Sitz des Gedächtnisses) nicht genug gereinigt ist, werden die eingravierten dunklen Felder das Licht weiter schmälern, und ein dünnes Rinnsal statt des ehemals breiten Stromes der Lebenskraft erreicht den physischen Körper.

Die Wissenschaft beginnt zu erkennen, daß sehr viele physische und geistige Krankheiten unsichtbaren, gefühlsmäßigen Ursachen zuzuschreiben sind, die im Bewußtsein der Betroffenen ruhen, manchmal tief vergraben, außerhalb der Reichweite und des Erinnerungsvermögens der persönlichen Identität des Menschen.

Um es kurz zu erklären: Jedes Organ und jede Zelle in der physischen Körperstruktur hat eine eigene Schwingung, die getrennt und verschieden ist von der des benachbarten Organs oder der Zelle. In den inneren Körpern gibt es bestimmte Zentren, die mit diesen physischen Organen im Einklang vibrieren. Gewisse geistige und gefühlsmäßige Verzerrungen in den inneren Körpern beeinflussen die physische Struktur in einer mißtönenden Weise, so daß die inneren Körper harmonisiert und gereinigt werden müssen, um eine dauernde Erleichterung und Befreiung von den Mißverhältnissen des äußeren Selbstes zu erreichen. Wenn diese inneren Ursachen aus dem Bewußtsein entfernt worden sind durch Erleuchtung des äußeren Gemüts, werdet ihr entdecken, daß sich die schmerzliche Wirkung im physischen Organismus auflöst und verschwindet.

Das Nervensystem des Körpers wurde dazu erschaffen, reines Licht von der ICH-BIN-Gegenwart durch den Körper zu führen, um die verschiedenen Organe gemäß göttlicher Weisung anzuregen. Das Gehirnzentrum lenkt Energieimpulse durch das Nervensystem, die, bewußt oder unbewußt, jeder Tätigkeit vorausgehen. Wenn die Impulse aus dem Gehirn durch verengte Nervenstränge oder verletzte Nerven blockiert werden, hört der Körper auf, in dem betreffenden Bereich, wo eine solche Blockierung stattfindet, vollkommen zu arbeiten. Warum? Weil das Licht die einzige lebendige, anregende Kraft im Universum ist. Wenn der Kanal, durch den es hindurchströmt, nicht offen bleibt, verringert sich das Licht in jenem Teil des Körpers, der Organe, Glieder oder Zellen ständig.

Das Nervensystem wird von allen mißtönenden Schwingungen betroffen, die im Denk-, Fühl- und Ätherkörper erzeugt werden. Es ist wie ein Schlauch, der seine Elastizität verloren hat oder zusammenklebt, so daß nicht mehr genug Flüssigkeit hindurchfließen kann. Furcht, Depression, Unsicherheit sowie Ärger und andere heftige Gemütsbewegungen greifen fortwährend die Stränge der sehr empfindlichen Fasern, aus denen das Nervensystem besteht, an.

Dieses alles verursacht Alterserscheinungen, Verfall und den sogenannten „Tod". Das Blockieren des durch das Nervensystem fließenden Lichtes ist der einzige Grund, warum die verschiedenen Teile des Körpers aufhören, die in diesem natürlichen Lebensfluß enthaltene erneuernde Kraft zu empfangen, und allmählich geht die Auflösung vor sich. Wenn das Nervensystem nicht geschädigt würde, könnte sogar der geringe Lichtanteil der heutigen Menschheit (nur 5-10% dessen, was ihr zustehen würde!) jeden Nerv, jede Zelle, jedes Gewebe, jeden Knochen und Muskel innerhalb von sechs bis zwölf Monaten vollständig erneuern, wenn der Lebensstrom in Harmonie bliebe! Das durch das Nervensystem fließende Licht führt die erneuernde Kraft mit sich, und wenn die Kanäle, durch die dieses Licht fließt, zerstört sind, hört der Erneuerungs- und Verjüngungsprozeß auf.

Verminderte Sehkraft, schlechtes Gehör, geistige Entwicklungshemmungen sowie alle Lähmungserscheinungen, für die die Menschheit anfällig ist (und schließlich jede Krankheit), sind Mangel an Licht, der sich aus der Blockierung oder Unterbrechung von Nervensträngen ergibt.

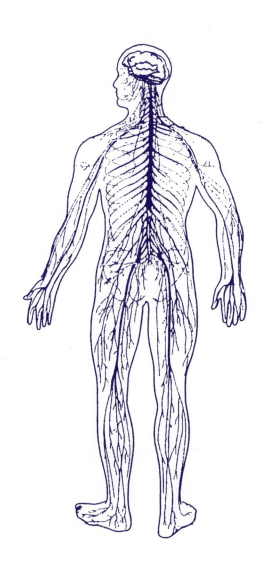

Ihr tätet gut daran, euch eine Darstellung des physischen Körpers zu beschaffen und das Nervensystem zu studieren. Ihr werdet feststellen, daß sich die Nerven durch den ganzen Körper bis in die Finger- und Fußspitzen und alle wesentlichen und lebenswichtigen Organe erstrecken und daß feine Haarlinien oder Zuleitungen (die nicht eingezeichnet sein mögen) von den Hauptsträngen ausgehen. Wenn in irgendeinem besonderen Teil des Trägers Erschöpfungs- oder Krankheitserscheinungen auftreten, könnt ihr auf diese Weise leicht den betreffenden Teil des Nervensystems herausfinden, der geschädigt worden ist. Dieser kann erneuert und wiederhergestellt werden, indem man visualisiert, wie das Licht durch diesen Teil strömt und die erfolgte Beschädigung wieder in Ordnung bringt. Dann muß sorgfältig untersucht werden, welches die innere Ursache war, die das Nervensystem des Lebensstromes im betreffenden Körperteil zerrüttet hat. Ein aufrichtiger Anruf an eure eigene Gott-Gegenwart wird euch (in der Stille eures eigenen Herzens) die Verhältnisse des Denk-, Fühl- und Ätherkörpers enthüllen, die für die Schädigung verantwortlich sind.

Im Namen und mit der Autorität eurer eigenen ICH-BIN-Gegenwart **befiehlt** diesem Mißklang, **sich aufzulösen!** Solche Mißklänge sind nur Vibrationsimpulse, die dem zerstörerischen Geräusch klirrend zusammengeschlagener Zimbeln gleichen. Bereitet diesem Mißklang in euren Körpern und in denen der ganzen Menschheit ein Ende. Auf diese Weise könntet ihr, je nach euren besonderen Fähigkeiten und der Stärke eurer Konzentration, in Stunden, Tagen, Wochen oder Monaten jedem fehlerhaften Körperwerkzeug wieder vollkommene Gesundheit bringen.

Es gibt eine weitere Hilfe zur Bemeisterung eurer niederen Körper

Leise und fast unhörbar für eure geschäftigen äußeren Sinne spricht die innere Stimme zu euch. Wenn ihr stille genug seid, könnt ihr sie vernehmen. Es ist euer Gewissen, das euch manchmal von irgendeinem Tun abhalten möchte. Wie oft hört ihr nicht auf diese leise, zarte Stimme. Je mehr ihr hinhorchen lernt, um so kräftiger und unüberhörbarer wird sie, und es muß soweit kommen, daß sie euch zum Lenker wird, zum Meister über euer äußeres Selbst, das den göttlichen Willen ausdrückt und euch danach handeln läßt. Es bedarf der Übung, und je mehr ihr mit äußeren Dingen beschäftigt seid, je öfter ihr ihren Rat überhört, um so leiser und unhörbarer wird sie.

Ihr Freunde des Lichtes, jeder von euch hat schon vor Entscheidungen gestanden, bei denen das Herz mit dem Verstand in Konflikt stand. Ihr wißt selbst, wie oft euer Verstand die Stimme des Herzens übertönte, und sicherlich hat es euch manchmal gereut, nicht auf die leise Stimme gehört zu haben.

Ich möchte euch einen Rat geben. Ihr steht an der Schwelle zu einem höheren erweiterten Bewußtsein, und ihr dürft nun diese innere Stimme nicht mehr überhören, sonst ist (oftmals) euer äußeres Bewußtsein abgeschnitten von dem wahren, reinen göttlichen Willen in euch, und ihr solltet immer mehr lernen, nur noch ihn auszudrücken.

Wenn der Fluß der reinen göttlichen Lebensenergie in die menschliche Form größer als der Rückfluß ist, dann ist der Mensch erdgebunden oder erdverhaftet - wie es der größte Teil der Menschen zu sein scheint.

Ein Durchschnittsmensch benützt ungefähr drei Prozent seiner Zeit in konstruktiver, fünfundzwanzig Prozent in negativer Weise, und der Rest von zweiundsiebzig Prozent ist vergeudete Kraft. Diese zweiundsiebzig Prozent der Energie werden für vorübergehende Gedanken, Tagträumereien und Gefühle ausgegeben. Tag für Tag empfangt ihr dieses reine Lebenselixier. Das ist das „Herniederströmen"; und täglich sendet ihr nur einen dünnen Faden guter Gedanken, Anrufungen, Anstrengungen und Absichten aufwärts, dies ist das „Aufwärtsströmen". Der „Aufwärtssteigende Strom" und der „Niedersteigende Strom" müssen ausgeglichen werden.

Prüft euch gründlich! Ist euer **Gedankenkörper** frei von Gedankenformen der Qual und des Elends? Ist er frei von Verzerrungen im Hinblick auf das Bild eures Bruders? Ist er frei von Vorstellungen über das Alter? Ist euer Gedankenkörper fähig, das göttliche Muster, den göttlichen Plan eurer eigenen Identität wie der eures Nächsten aufrechtzuerhalten? Hält er wirklich nur Gedanken positiver und konstruktiver Art aufrecht?

Ist euer **Gefühlskörper** in Depression versunken? Ist er voll negativer Gefühle, die aus der Annahme von Begrenzungen wie Alter und Krankheit aufsteigen? Ist er belastet durch Mißvergnügen aller Art? Oder ist er erfüllt von Begeisterung, Glaube, Erleuchtung, Verständnis und Liebe für Gott und eure Nächsten? Ist er rein und von dem Wunsche erfüllt, unserem geliebten

SAINT GERMAIN bei der Einleitung des Zeitalters der Freiheit zu helfen und so jedem Menschen durch die Macht der Anrufung und Strahlung zu dienen?

Wie steht es mit eurem **Ätherkörper**? Ist er rein von allen verborgenen Gefühlen des Hasses und der Unverträglichkeit, der Auflehnung oder Ungerechtigkeiten, die euch von anderen angetan wurden? Ist er frei von Verletzungen und unvollkommenen Erinnerungen? Oder ist er erfüllt von Gedanken und Erinnerungen an die Kräfte des Lichtes, die die Aufgestiegenen anwenden und die ihr selbst einst benutztet?

Vibriert euer **physischer Körper** vor Energie, Jugend und Lebenskraft? Hat er Würde und Meisterschaft entwickelt? Verweigert er die Annahme von Verfall, Krankheit und Auflösung? Hat er bereits die Kraft der Ausdauer entfaltet, wenn von ihm verlangt wird, auf den Schlaf zu verzichten und dennoch das Licht anzurufen und allen anderen in ihrem Elend beizustehen? Es wäre gut, in dieser Weise eure Träger einer Prüfung zu unterziehen!

Wenn jedoch die göttliche Energie durch gereinigte Körper fließen kann, werden sie in schönem Gleichmaß schwingen - sich mehr und mehr harmonisieren -, bis alle sieben Körper in harmonischem Gleichklang vibrieren und die göttliche Gegenwart alles durchdringt.

Dann gibt es keine Begrenzungen mehr, weder Krankheit, noch Alter, noch den sogenannten Tod...

Jugend, Schönheit und Gesundheit sind keine vorübergehende Periode mehr, sondern ein Dauerzustand.

Laßt die Flamme Luxors euch durchfluten, die reinen hohen Kräfte, die euch den nötigen Auftrieb geben werden für euer hohes Ziel. Luxor ist eure Schulungsstätte für die nächste Zeit. Wir erwarten euch in Liebe und wollen euch unsere Fürsorge angedeihen lassen, unsere Hilfe, unsere Kraft und die Strahlung, die wir hüten. Seid unsere verehrten Gäste und scheut euch nicht, eure Gedanken und Gefühle, die ihr noch mit euch tragt, auszubreiten. Es ist auch für euch selbst gut, sie anzuschauen, damit ihr erkennt, was noch in euch ruht und der Umwandlung bedarf.

KANDIDAT FÜR DEN AUFSTIEG

Luxor, die letzte Stufe

Luxor ist die letzte Stufe vor der endgültigen Freiheit. Ihr Schüler, die ihr hierherkommt, Jahr um Jahr zu lernen und die Kräfte in euch einzubauen - ihr habt das große Ziel vor Augen, doch es braucht noch einige Male, bevor es erreicht werden kann. Kommt wieder und wieder, lernt, übt. Faßt immer wieder den Entschluß, es zu schaffen, alle Kräfte zu mobilisieren, um eure guten Eigenschaften zu entwickeln, um zu lernen, eure Gedanken auf positive Werte zu richten und alles Negative außerhalb zu lassen - euer Inneres nicht damit zu beschweren.

DER AUFSTIEG –
BEISPIEL JESUS CHRISTUS

Als sich das Retreat von Luxor noch im physischen Bereich befand, wurde von den Schülern verlangt, die Quellen des Nils (es gibt deren zwei) zu suchen. Die Prüfungen verlangten Ausdauer, Zielstrebigkeit und Beharrlichkeit.

Viele Schüler nahmen die Aufforderung wörtlich, arbeiteten sich durch Sumpfdickicht und setzten sich vielerlei Gefahren aus, um die Quellen zu finden.

Andere versenkten sich tief in ihr Inneres...

Beide Wege führten zum Erfolg und verlangten Disziplin bis zum äußersten.

Damals wie heute wird von den Schülern Disziplin und Reinheit verlangt, Ausdauer und Beharrlichkeit.

Die vollkommene Disziplin von Luxor liegt in dem nach **innen**, zur ICH-BIN-Gegenwart hingewendeten Bewußtsein eines Aspiranten, bis er gelernt hat, aus seiner eigenen göttlichen Quelle **alles** hervorzuziehen, was er benötigt, einschließlich Nahrung, die der physische Körper braucht - genau wie Moses das Manna vom Himmel herabrief. Alle Gewänder, in denen der Eingeweihte zum Altar schreitet, muß er präzipitieren! Meisterschaft und Vollendung liegen in der **Einheit**, wie die Eiche in der Eichel und das Huhn im Ei. Wie die kleinste, unbedeutendste Saat nicht nur das Muster der ausgereiften Frucht birgt, sondern auch den Weg und die Mittel zur Verwirklichung dieses Musters, nämlich die erforderliche Nahrungsaufnahme und die magnetische Anziehungskraft auf die Elemente, um sich entwickeln zu können. Ebenso gewiß liegt das göttliche Muster im Herzen jedes Menschen. Es erfordert nur die **Verwirklichung,** und diese kommt mit dem Licht, das in unzählbaren Millionen und Aber-Millionen Einheiten jede Minute in eure Welt flutet und die Fülle alles dessen enthält, was ihr nur wünschen könnt, beispielsweise Heilung, Freiheit, Erleuchtung oder jeden anderen göttlichen Wunsch.

Der Kanditat für den Aufstieg muß erfolgreich die Prüfungen der sieben Tempel bestehen; er muß die völlige Hingabe von Herz, Seele und Geist erlernen und den Wunsch haben, den Willen Gottes zu verwirklichen.

In den frühen Zeitaltern, ehe die Erdenvölker in die Schatten der Nachzügler von anderen Sternen verstrickt wurden, fand der Aufstieg bewußt und feierlich statt, sobald der Mensch den Zyklus seiner Verkörperungen auf Erden abgeschlossen hatte.

Der bewußte Aufstieg in das Reich der Aufgestiegenen Meister ist bei der Masse der Erdenbewohner völlig in Vergessenheit geraten. Meister J E S U S brachte dem äußeren Bewußtsein der Menschen wieder das Verständnis, daß der Aufstieg die letzte Bestimmung jedes einzelnen ist. Er gab allen ein lebendiges Beispiel, dem sie nachfolgen sollten. Die meisten Menschen heute betrachten das Beispiel J E S U als einen ungewöhnlichen Ausdruck seiner Meisterschaft, etwas Einmaliges, das nur er zuwegebringen konnte, und vergessen dabei seinen

Hinweis: „Die Dinge, die ich getan habe, sollt auch ihr tun, und noch größere Dinge sollt ihr vollbringen!"

Der Aufstieg ist keine mystische, sondern vielmehr eine wissenschaftliche Angelegenheit. Der Schüler wird belehrt, wie er die Schwingung der Atome der vier niederen Körper durch die Anwendung des heiligen Feuers beschleunigen kann, so daß alle disharmonische Schwingung abgeworfen wird.

Je mehr Freude, Glückseligkeit und Begeisterung ihr in eure Anrufungen hineinlegt, um so schneller wird sich euer Sieg manifestieren. Selbst-Verurteilung, Selbst-Mitleid und Selbst-Herabsetzung wegen begangener Fehler stehen nicht im Einklang mit dem Gesetz. Es gibt viele Erfahrungen, durch die der **„Kandidat für den Aufstieg"** hindurch muß, bis er die Macht der heiligen Christusflamme im eigenen Herzen erkennt und mit ihrer Hilfe die vier niederen Körper beherrschen lernt.

Alles Leben beruht auf dem Gesetz des Kreises. JESUS selbst hat uns dies bewiesen durch die Herabkunft des Geistes in die Materie. Doch dies stellt nur die Hälfte des Lebensprinzips dar! Der Aufstieg des Lebensstromes sollte ein täglicher, ja stündlicher Vorgang sein. Die reine göttliche Energie wird durch bewußte Anwendung erweitert und vermehrt. Der Aufstieg muß jede Sekunde als Wirklichkeit angesehen und zu einem wesentlichen Teil des täglichen Lebens gemacht werden.

JESUS, seine Mutter MARIA, der Jünger JOHANNES und andere, die in der damaligen Zeit und seither ihren Aufstieg vollendeten, empfingen die Belehrung, den Beistand und die Strahlung des geliebten SERAPIS BEY und seiner Bruderschaft, um das sogenannte Wunder der „Überwindung des Todes" zu vollbringen.

Einladung von Meister Serapis

Im Anfang war das Wort. Dieses schöpferische Wort in eurem Leben wieder zu verwirklichen, seid ihr hier auf der irdischen Ebene, geliebte Schüler des Lichtes. Das Wort, das die Kraft hat, alle Unvollkommenheiten wieder aufzulösen, zu heilen, zu befreien, Frieden zu bringen, ist eurer Macht anheimgegeben. Die Schöpferkräfte in euch bedürfen noch des Wortes, und bald werdet ihr lernen, dieses Schöpferwort auch ohne den Klang der Stimme zu sprechen, ganz aus eurem Innern mit der Vorstellung und dem klaren Gedanken zu wirken.

Dies ist eine eurer Schulungen eures Aufenthaltes in Luxor. Hier in den inneren Reichen reagiert die Substanz auf den kleinsten Gedanken, und ihr lernt sehr schnell, ohne Worte auszukommen. In eurer irdischen Welt werden viel zuviel Worte gemacht. Diese Worte bringen oft Unruhe und Disharmonie. Lernt, wieder zu schweigen! In der Stille eurer Herzen könnt ihr klare Gedanken fassen, und diese Gedanken werden mit eurer zunehmenden Kraft Form annehmen.

Die Voraussetzung dafür ist jedoch die **Liebe** hinter all eurem Tun, hinter jedem Gedanken, denn nur, wenn die göttliche Liebe euch die Gedanken erschaffen läßt, werden die Manifestationen in Reinheit und Vollkommenheit geschehen. Ohne Liebe ist jede Manifestation unvollkommen und muß wieder zerfallen.

Ihr Kinder des Lichtes, wie wir euch schon lange bezeichnen, denn ihr seid dem Lichte verschrieben, denkt daran, daß der Aufstieg in die ewige Freiheit nicht von heute auf morgen verwirklicht werden kann, daß eiserne Disziplin dazu gehört und daß ihr vieles noch zu üben und zur Vollendung zu bringen habt, bevor das letzte Tor von Luxor für euch aufgeht.

Verlaßt nun in Gedanken ein wenig die irdische Welt, stellt euch vor, daß ihr in der Strahlung der Aufstiegsflamme steht, spürt ihre belebende Kraft... Ich nehme euch an die Hand und umgebe euch mit einer schützenden Hülle, so daß ihr näher an die Flamme herantreten könnt... Es ist eine so hohe erhebende Schwingung, die euch durchdringt, daß eure niederen Körper sie kaum erfassen können, und doch wirkt sie in euch, beflügelt die geistigen Kräfte.

Ihr Freunde, wir sind dem großen kosmischen Gesetz verpflichtet, die Menschheit weiterzuführen und die geliebten Schüler, die sich schon auf dem Lichtwege befinden, als Vorläufer, als die Pioniere mit unserer ganzen Sorgfalt zu umgeben, damit sie, wie wir, den Nachfolgenden Helfer und Führer sein können.

Wir brauchen noch viele solcher irdischen Helfer für das große Werk, das getan werden muß; die wachsende Strahlung macht es notwendig, die Körper der Menschen zu durchlichten, damit sie sich langsam dieser Strahlung anpassen können. Doch ihr Schüler des Lichtes seid die Transformatoren für die Strahlung, die wir der Menschheit zukommen lassen möchten.

Wenn ein solcher Kanal jedoch mit Unreinheiten beladen ist, wird die hohe Schwingung verzerrt und unwirksam. Sorgt also dafür, daß ihr stets in Reinheit und in Liebe die Strahlung aufnehmt, um sie an die dürstende Menschheit weiterzugeben.

Ihr seid angeschlossen an unseren Brennpunkt als unsere Helfer für die bedrängte Menschheit.

ICH BIN euch verbunden und lege immer, wenn ihr es wünscht, die schützende, reinigende Strahlung um euch.

S E R A P I S aus Luxor

SCHULUNGEN IN LUXOR

Das Innere des Tempels

Der Tempel besteht aus Kolonnaden (Säulenhallen), wie sie früher in Griechenland und Ägypten üblich waren. Auf einem ausgedehnten, quadratischen Grundriß sind Säulenreihen so angeordnet, daß ineinanderliegende, gleichseitige Vierecke entstehen. Die Quadrate werden zum Mittelpunkt hin immer kleiner. Im innersten Raum ist die Aufstiegsflamme in Tätigkeit.

Die wuchtigen Säulen, die das Retreat außen umschließen und deren Material unserem Sandstein ähnelt, sehen beinahe farblos aus. Die inneren Säulenreihen dagegen leuchten in den wundervollen Farben der sieben mächtigen Strahlen. Weil das Heiligtum der Brennpunkt der Aufstiegsflamme ist, sind die Strahlen nicht in der allgemein üblichen Reihenfolge angeordnet. Die das innerste Quadrat bildenden Säulen leuchten in reinstem Kristallweiß.

Die der Außenfront am nächsten liegende Säulenreihe strahlt in einem auserlesenen Saphirblau, die nächste in Gold, während die Farbe der nach innen anschließenden Rosa ist. Hierauf folgen Grün, Rubin und zuletzt Violett. Wenn ihr den prachtvollen violetten Raum verlaßt, steht ihr unmittelbar vor dem strahlendweißen Licht, das den Brennpunkt der Aufstiegsflamme einhüllt.

In den zwischen den Säulenreihen liegenden Abteilungen und Gängen sind die verschiedenen Anwärter und Schüler in Zellen untergebracht.

Anfänger, die zum erstenmal nach Luxor kommen, werden im äußeren Korridor einquartiert. Das Geheimnisvollste in diesem Retreat ist, daß kein Vorhang erforderlich ist, um die einzelnen Gänge voneinander zu trennen, denn das aus jedem Gang ausströmende Licht bildet eine Schranke. Obwohl die Bewohner die Ausstrahlung des Lichtes fühlen, sind sie doch unfähig, hindurch oder dahinter zu sehen.

Die Anwärter im äußeren Gang haben die blauen Säulen vor ihrem Blickfeld und sehen sie wie eine Wand von saphirblauem Licht zwischen den Pfeilern.

Im nächsten Gang erblickt ihr die goldenen Säulen und seht sie wie eine Wand goldenen Lichtes. Wenn ihr den rosa Gang betretet, seht ihr eine Wand von rosa Licht usw. Dieser Vorgang wiederholt sich in jeder folgenden Reihe. Habt ihr eine bestimmte Entwicklung erreicht, schreitet ihr automatisch vorwärts. Jede Stufe bringt euch der Aufstiegsflamme näher. Ihr wißt wohl, daß hinter jeder Wand farbigen Lichtes Tätigkeiten vor sich gehen, doch ihr könnt nicht feststellen, um welche es sich handelt. So kommt es, daß der Schüler ständig Überraschungen erlebt, wenn er von einem Korridor zu einem anderen gelangt und Menschen sieht, die dort tätig sind.

Die Wände des violetten Ganges sind von herrlichem, purpurnem Licht übergossen. Weil einem unaufgestiegenen Wesen der Zutritt zum Allerheiligsten, das die Aufstiegsflamme birgt, nicht gestattet ist, könnt ihr durch das violette Licht blicken und die prächtig geschliffenen Kristallsäulen sehen, aus denen die Wände des Innersten Gemaches geformt sind. Den Mittelpunkt bildet ein wunderschöner, dreiteiliger, runder Altar. Dieser ist gekrönt von einer prachtvoll gemeißelten ägyptischen Urne, aus der die kraftvolle Aufstiegsflamme emporlodert.

Wenn der Aufstiegstempel seine Pforten für die Dauer von 30 Tagen öffnet und die Flammenübertragung stattfindet, nimmt die gesamte Hierarchie stehend an dieser Zeremonie teil, denn in diesem Tempel gibt es keine Sitzgelegenheiten! Anwärter und Schüler müssen immer stehen! Diese Vorschrift steht im Zusammenhang mit dem die Wirbelsäule durchströmenden Licht. Jeder Anwesende wohnt deshalb der Flammenübertragung stehend bei. Die Bruderschaft von Luxor hat jeden Lebensstrom sorgfältig aufgezeichnet, für den die Möglichkeit besteht, am Ende dieser Verkörperung seinen Aufstieg zu vollziehen. Von jedem Schüler wird erwartet, daß er diese Tätigkeit, die in Gang gesetzt wurde, annimmt, anerkennt und mithilft, ihr durch die Spannkraft seiner eigenen Gefühlswelt einen zusätzlichen Antrieb und Aufschwung zu verleihen.

Was bedeutet Aufstieg?

Im Laufe der Jahrhunderte hat jeder auf Erden verkörperte Lebensstrom die Möglichkeit, durch freiwillige Investierung seiner Lebensenergie besondere Talente und Kräfte auf irgendeinem speziellen Gebiete zu entwickeln. Eine solche Ansammlung der Kräfte des Heilens, des Unterrichts, der musikalischen oder künstlerischen Fähigkeiten wird „Momentum" genannt. Dieses Momentum ist zugleich das einzige Erbe menschlicher Bemühungen, das er in die höheren Sphären mitnimmt. Dieses Erbe steigt zugleich mit seinem Bewußtsein auf, wenn die Seele sich am Ende ihrer letzten Verkörperung für immer von der Anziehungskraft der Erde löst.

Nicht nur der Lebensstrom selbst wird in der Zeit, die seinem Aufstieg vorangeht, von den Herren des Karma geprüft, auch die ganze gesammelte Energie seines Dienens gegenüber dem Leben wird einer eingehenden Betrachtung unterzogen.

Das „Buch des Lebens" des betreffenden Wesens wird sorgfältig geprüft und dem Lebensstrom selbst eine Audienz beim Karmischen Rat gewährt. Die Zustimmung dieses Rates ist erforderlich für die Befreiung der Seele von weiteren Verkörperungen.

Da jedes Wesen über seinen eigenen freien Willen verfügt, kann es die Annahme der Freiheit verweigern, wenn es eine Wiederverkörperung vorzieht, um einer besonderen Sache, der es jahrhundertelang seine Energie gewidmet hat, besser dienen zu können.

Menschen, die ihre persönliche Karmaschuld abgetragen und Meisterschaft über die Energie errungen haben, jedoch auf die Freiheit Verzicht leisten, um der Menschheit besser dienen zu können, gehören zu den heiligsten Söhnen und Töchtern des Himmels. Sie tragen auf ihrer Stirne ein geistiges Kennzeichen in Form einer geöffneten Lotosblume, woran sie für alle, deren innere Sicht entfaltet ist, leicht erkennbar sind.

Keine andere Gruppe menschlicher oder göttlicher Wesen hat dieses besondere geistige Kennzeichen. Wo immer sie mit anderen Wesen zusammentreffen, beugt sich die höchste Intelligenz des Universums in Anerkennung ihrer Gegenwart, ihres Opfers, ihrer Liebe. Wenn sie schließlich ihren Aufstieg annehmen, dann erweitert und vergrößert sich die Lotosblume. Selbst in den höchsten Sphären des Himmels bleibt sie ein permanentes Merkmal ihrer Liebe und ihres Dienstes am Leben, so daß es alle sehen können. Meister JESUS gehört zum heiligen Orden des flammenden Lotos!

Der Lebensstrom, der seine Vollendung erreicht hat, befindet sich an einem Scheideweg. Geht er in die höheren Sphären des Friedens und der Glückseligkeit, oder will er als aktiver Mitarbeiter der Großen Weißen Bruderschaft mit den weniger entwickelten Erdensöhnen und -töchtern in Verbindung bleiben?

Lebensströme, die sich zu den „Wonnen Nirwanas" entschlossen haben, übergeben ihre Energien, d.h. ihr gesammeltes Momentum - welcher Art es auch sei - den Devas, die es in die herrlichen Feuertempel einbauen, deren Strahlung und Kräfte der Erde und allen Völkern dienen. Sie hinterlassen somit tatsächlich „ihr Erbe" der Menschheit. Sie selbst aber nehmen ihr eigenes bewußtes Selbst in jenes Reich mit, das nicht länger mit dem Ringen auf dem Erdenplan in Verbindung steht.

Alle Aufgestiegenen berichten über das Unvermögen, der Freude und Glückseligkeit in Worten Ausdruck zu verleihen, die sie erlebten, als die Erdenfesseln der Begrenzungen des physischen Körpers und der Schleier des Vergessens von ihnen genommen wurden. Doch augenblicklich sieht sich der Aufgestiegene der Entscheidung gegenüber, ob er mit der Glut der neugewonnenen Freiheit in seinen Gefühlen aufwärtsstreben soll oder wieder freiwillige Fesseln auf sich nehmen will, um vielleicht für Jahrhunderte mit einem begrenzten menschlichen Bewußtsein weiter zu dienen.

Was der geliebte JOHANNES über den Aufstieg von Meister JESUS berichtet:

Ich war einer der Augenzeugen, die JESUS Aufstieg miterleben durften. JESUS, Mutter MARIA und ich wußten im vorhinein von dem wunderbaren Ereignis, das an jenem Tage stattfinden würde. Ich war anwesend, als sich der geliebte Meister am frühen Morgen nach andächtigen Vorbereitungen für seinen ewigen Sieg erhob. Auch die geliebte Mutter MARIA stand zeitig an jenem Morgen auf. In ihrer großen Weisheit und Güte versammelte sie um sich die Jünger und alle anderen Lebensströme, die an J E S U S Sendung glaubten.

Ich betrachtete die leuchtende Gestalt unseres geliebten Meisters J E S U S , als er den Hügel von Bethanien zum letzten Mal emporstieg. Ich sah den Sonnenschein auf seinem edlen Haupt, als er die Spitze des Hügels erreicht hatte und dort niederkniete, und ich nahm schwebende Engel um ihn wahr. Dort oben nahm er Abschied von der Erde, von den geliebten Freunden, die ihm beistanden, und allen, die ihm halfen, sich seines Lebens als junger, vitaler Mensch zu erfreuen.

Ich sah, wie sich der Himmel öffnete und göttliche Wesen herabstiegen, ihm beizustehen, den ewigen Sieg seines Lebensstromes zu erringen. Ich erblickte den großen Lord M A I T R E Y A (Lord D I V I N O), der in der Atmosphäre stand und zu J E S U S sprach. Der große M A H A   C H O H A N , Erzengel M I C H A E L , der geliebte S A I N T   G E R M A I N und viele Gäste des Himmels waren ebenfalls in der Atmosphäre zugegen. Die Himmel öffneten sich früh an jenem Tage, lange, ehe die Mittagssonne den Zenit erreicht hatte. In dieser Stunde gab es keine Trennung zwischen beiden Reichen. Der Menschensohn J E S U S nahm Abschied von der Formwelt, und der C H R I S T U S   J E S U S erkannte die Gottheit! Dabei entstand eine starke, wunderbar leuchtende Lichtbrücke zwischen dem Menschlichen und dem Göttlichen.

Sein Körper begann mehr und mehr in gleißendem Lichte zu erstrahlen. Sein heiliges Christ-Selbst trat durch seinen physischen Körper mehr und mehr in Erscheinung;

das glänzende Licht war für die anderen ein Zeichen, daß etwas ungewöhnlich Großes geschehen würde, und zugleich empfanden sie Furcht und Unsicherheit vor dem Unbekannten.

So geschah es, daß viele Anwesende das Wunder des kosmischen Augenblickes nicht sahen, als Himmel und Erde sich einen Augenblick lang berührten, als ein Gottes- und Menschensohn sich im Triumph über diese Welt erhob und, dem physischen Auge sichtbar, heimkehrte in das göttliche Bewußtsein!

AUFSTIEG INS LICHT

Über Raum und Zeit hinweg strahlt das reine göttliche Licht - unendlich, ewig.

Dieses Licht durchflutet jeden Menschen. Je reiner und klarer ein Lebensstrom wird, je stärker er seine Wünsche und Begierden im Griff hat, seien sie körperlicher oder gefühlsmäßiger Art - je aufbauender sein Denken ist, desto stärker ist die Flut des Lichtes, die ihn durchströmt.

Der Aufstieg ist keine mystische, sondern eine folgerichtige Entwicklungsstufe der menschlichen Evolution. Wenn wir einen Propeller durch Energiezufuhr sich drehen lassen - wird er ab einem bestimmten Geschwindigkeitspunkt so schnell, daß er nicht mehr erkennbar ist.

So und nicht anders geschieht es mit dem menschlichen Körper, wenn das reine göttliche Licht, ungehindert durch negative Gedanken und Gefühle und dunkle Ablagerungen im Ätherkörper, einen sauberen physischen Körper erreicht - und die Strahlung der reinen göttlichen Liebe zu allem Leben euch durchpulst. Dieses Licht dehnt sich aus, durchstrahlt die niederen Formen, so daß die ganze menschliche Gestalt selbstleuchtend wird.

Dieses große Erlebnis der Lichtdurchflutung wird irgendwann jeder Mensch erleben - den Zeitpunkt dafür bestimmt jeder einzelne selbst durch sein Verhalten.

Jede Erweiterung des Bewußtseins ist eine Stufe auf der Aufstiegsleiter. Jede stärkere Schwingung, die gehalten wird, ist eine weitere Stufe. Dieses Höhersteigen - Stufe für Stufe - bedeutet Aufstieg.

Dies ist möglich - geliebte Freunde, viele haben es praktiziert und ihre Vollendung erreicht.

* * *

Wir sind eingeladen, diese Aufstiegskräfte in uns zu aktivieren. Dazu dienen die Schulungen in Luxor.

Belehrungen von Meister Serapis Bey

Vergessene, der menschlichen Geschichtsschreibung verlorengegangene Zeiträume, in denen die Menschheitsentwicklung bereits eine hohe Stufe erreicht hatte, sind Grundlagen für den heutigen technischen Fortschritt. Begabte Erfinder oder Genies auf dem Gebiet der Forschung und Technik sind zumeist Lebensströme, die in vorgeschichtlichen Zeiten solche Kenntnisse schon entwickelt hatten.

So lebt das alte Wissen mit all seinen Gefahren wieder auf, denn die Menschen haben in den langen Zeiträumen noch immer nicht gelernt, diese Errungenschaften nur für aufbauende Zwecke zu benutzen. Der Egoismus hat noch zugenommen und treibt die Völker gegeneinander. Die Technik bringt giftige Blüten hervor und läßt die Menschen nicht zur Ruhe kommen.

Was haben nun die Mächte des Lichtes zusammen mit ihren irdischen Schülern dem entgegenzusetzen? Es ist das unerschütterliche Wissen, daß mit der Zeitenwende diese Gefahren von immer mehr Menschen erkannt werden und der Ruf nach Abkehr von diesem Kurs immer lauter und eindringlicher wird. So ist es zu erklären, daß vielen Plänen der dunklen Kräfte der Erfolg versagt bleibt und Menschen in Erscheinung treten, die mit dem nötigen Wissen und der Überzeugungskraft ausgestattet sind, um andere, bessere Pläne zu verwirklichen. Die Rückbesinnung auf die geistigen Werte nimmt zu, und wenn dies auch ein langsamer Wandlungsprozeß ist, so wird er dennoch die Kraft in sich tragen, grundlegende Veränderungen auf der Erde zu schaffen. Die kosmischen Schwingungsveränderungen werden diesen Vorgang beschleunigen, wenn auch noch so manches ablaufen muß, wofür einst die Ursachen gelegt wurden, was als Lernprozeß anzusehen ist, damit die Menschen endlich erwachen und einen anderen Weg einschlagen.

* * *

Die Länge seines Erdenlebens bietet dem Menschen die Möglichkeit, seine Ideen zu verwirklichen und aus den Erfahrungen, die er macht, zu lernen. Meist jedoch wird der Plan, der für dieses Leben vorgesehen war, nicht erfüllt, weil er seinem eigenen Willen folgte und zu viele Umwege machte. So ist die Lage leider auch bei vielen Schülern.

Es wird erforderlich sein, daß jeder willige Mitarbeiter der geistigen Hierarchie gezielte Anstrengungen macht, um seine Lebenszeit zu nutzen und Vergeudung von Energie und Zeit zu vermeiden.

Ich lege euch die Frage vor, ob ihr euch zu größeren Anstrengungen entschließen würdet, wenn der äußere Druck immer stärker würde, d.h. wenn die Umstände einen höheren Einsatz von euch verlangten? Nun... so gebt euren vollen Einsatz, denn die Zeit **ist** gekommen, die es erforderlich macht!

Die Menschheitsgeschicke sind zu verworren, um eine schnelle Änderung herbeizuführen. Es kann jedoch eine Änderung zum Besseren eintreten, wenn genügend Energie von den Menschen hergegeben wird. Die Fähigkeiten unserer Schüler, mit den kosmischen Kräften zu wirken, werden sich durch vermehrte Anstrengungen erweitern, geradeso wie die Muskeln des Sportlers durch dauerndes Training gestärkt werden. Ohne eigenen Einsatz gibt es keinen Fortschritt, ihr Freunde, das Leben ist ein andauernder Lernprozeß; das ist das Entwicklungsgesetz, dem das Leben in jeder Form untersteht, vom kleinsten bis zum höchsten Lebewesen.

Die Beschäftigung der Menschen in ihrer Freizeit, die immer mehr ausgedehnt werden soll, ist meist auf Zerstreuung ausgerichtet, während sie doch der Sammlung dienen sollte, der Stille und der Besinnung auf ihre inneren Werte. Schülerschaft bedeutet unermüdliches Streben, Selbstkontrolle, Ordnung und Harmonie und allem voran die Liebe als die wichtigste Aufgabe auf eurem Lebensweg.

* * *

Wir raten euch, während eurer Schulungszeit in Luxor euer Augenmerk besonders auf die Stärkung der Verbindung mit eurem Christ-Selbst zu richten, d.h. auch im Laufe des Tages immer wieder darauf zu horchen, was es euch sagen will. Es ist eure höhere Instanz und wirkt nur so weit durch euch, wie ihr es zulaßt. Der Weg zum inneren Christus bildet die Vorbereitung zum I C H   B I N , den Einweihungsweg, den jeder Strebende einmal gehen muß.

So laßt euch auf diesem Pfad von vielen Freunden helfen, die ihn vor euch gingen. Das Wissen, das ihr euch erarbeitet habt, sollte kein toter Ballast werden, haltet es immer am Fließen, indem ihr es weitergebt, wo immer Bedarf dafür besteht.

Das Wesentliche eurer Schulungen in Luxor ist die Stärkung eurer Überzeugung, daß ihr allein die Möglichkeit eures Fortschritts in euch tragt, und nur ihr selbst habt den Schlüssel zu eurer inneren Schatzkammer - was hindert euch daran, sie aufzuschließen?

Gerade in dieser Zeit der Sorgen und Unruhe solltet ihr fest verankert in eurem inneren Licht bleiben und die ewigen Werte suchen, die nicht mit dem irdischen Leben vergehen. Das macht euch unangreifbar für äußere Einflüsse und läßt euch gelassen in die Zukunft sehen, was immer sie euch bringen wird.

Es vergeht kein Tag im Leben eines Lichtschülers, an dem er nicht aus der Verbindung mit seiner göttlichen Quelle Kraft zieht, auch wenn dies unbewußt geschieht. Er hat den Verbindungskanal durch seine Arbeit erweitert und erhält dadurch ein Mehrfaches der göttlichen Kräfte als ein Alltagsmensch.

Jedes Lebewesen ist ein mehr oder weniger geöffneter Kanal für die kosmischen Kräfte, an die es angeschlossen ist und von denen es gespeist wird. Die Natur- und die Tierwelt besitzt noch ihre ursprüngliche Verbindung mit den Lichtkräften, nur der Mensch hat sich im Laufe seines Abstiegs in die dichte Materie abgeschlossen, so daß oft nur mehr ein dünner Strom fließen kann, der sein Leben aufrechterhält.

Doch ihr, die ihr das Wissen über diese Zusammenhänge habt, ihr versucht nun, die Verbindung zu eurem Göttlichen Ich bewußt wieder herzustellen, damit aus dem dünnen Lichtfaden wieder ein breiter Strom werden kann. Das ist der Sinn eurer Schülerschaft, und so werdet ihr mehr und mehr die Verbindung mit eurem Ursprung erneuern, den strahlenden Lichtstrom erweitern, der euch neue Kräfte und Fähigkeiten eröffnet. Sie liegen in euch, aber sie bedürfen der Anregung durch das Licht.

* * *

O ihr Freunde, es ist so wichtig, all das, was ihr im Tempel von Luxor lernt, auch im äußeren Leben zu praktizieren. Wenn euch die Erinnerung daran fehlt, so werden euch die Erfahrungen eures täglichen Lebens darüber belehren, was ihr noch zu lernen habt. Jeder Schüler, gleich welcher geistigen Schule er angehört, kommt an den Punkt seines Lebens, da er lernen muß, das Gesetz der Liebe zu allem Leben zu praktizieren und nicht mehr an sich selbst zu denken. Weltumfassend ist euer

Dienen, ihr Freunde des Lichtes! Es beschränkt sich weder auf euch selbst, noch auf eure Umgebung, noch auf euer Land. Es dient dem ganzen Planeten Erde und noch weit darüber hinaus. Dabei ist es wichtig, daß ihr lernt, euer äußeres Selbst in Zucht zu nehmen - euch selber nichts mehr durchgehen zu lassen, was diesem großen Dienst im Wege steht. Viele Äußerlichkeiten können noch abgelegt werden. Schaut selbst immer wieder, was alles nicht mehr zum Lichtdienst gehört.

Die Prüfungen in Luxor sind jedesmal ein Meilenstein auf eurem Wege. Wir erkennen daran, was ihr gelernt habt, und richten alles danach aus, um euch die Stufen, die noch vor euch liegen, zu erleichtern, euch Fehler und Schwächen aufzuzeigen, damit sie überwunden werden können.

Wir wissen, daß die Zeiten, die ein Schüler in Luxor zubringt, nicht zu den leichtesten gehören, doch dies ist nicht zu umgehen. Ihr habt zu üben, was euch noch an Gaben und Kräften in eurem äußeren Dasein fehlt.

Ihr werdet in eurem irdischen Leben genügend Gelegenheit finden, die Disziplin zu üben, die hier eure Schulungen ausmacht. Diese Lektionen eures irdischen Lebens gehen immer Hand in Hand mit dem, was ihr in den inneren Reichen lernen müßt, so daß alles, was ihr hier in eure inneren Körper einprägt, sich in eurem äußeren Dasein auswirken kann.

In klaren Belehrungen erhaltet ihr immer wieder eure Verantwortung vor Augen geführt, dem Leben auf Erden zu dienen und bereit zu sein, alle eure Energie in den Dienst des Lichtes zu stellen. In diesen Belehrungen ist immer wieder davon die Rede, daß dies wichtiger als die Arbeit am eigenen Selbst ist. Wir möchten jedoch nicht den Anschein erwecken, daß nun die Arbeit am eigenen Ich unnötig sei.

Die große Masse der Menschen weiß noch nichts davon und umgibt sich mit dem Ballast des äußeren Lebens; ihr aber, die ihr euren Weg erkannt habt, solltet immer wieder aussondern, was euch hinderlich ist auf eurem Höhenweg. Es gibt noch manches beiseite zu legen, was euch an die irdische Welt fesselt. Ich meine nicht eure irdischen Pflichten. Diese mit Konzentration und Hingabe zu erfüllen, ist eine wichtige Aufgabe, doch es gibt dabei auch viele eingebildete Pflichten. Sondert aus, ihr Schüler, was nicht mehr in euer Leben gehört.

**

Nur wenige Menschen sind es in jedem Jahrhundert, die aus der übrigen Menschheit herausragen und das Licht aus kosmischen Höhen aufzunehmen imstande sind, um es in außergewöhnliche Talente und Fähigkeiten umzusetzen.

Nehmt euch solche Menschen als Beispiel, denn was **einem** zu tun möglich ist, kann **jeder** tun. Jeder Mensch hat besondere Fähigkeiten, die nur entwickelt und zum Leben erweckt werden müssen. Mit Hilfe der kosmischen Lichtkräfte wird alles Gute, was in euch ruht, angeregt, und es kommen Gaben zum Vorschein, von denen ihr oft nicht einmal wußtet. Jede Menschenseele ist eine ganz eigene Persönlichkeit, und die Aufgaben, die auf ihrem Wege liegen, kann nur sie alleine erfüllen.

Dies sollte euch Ansporn sein, auf dem Wege, den ihr beschritten habt, weiterzuwirken, denn es gibt nicht viele Menschen auf Erden, die so wie ihr imstande sind, die Kräfte des Lichtes zu dirigieren und in die Zustände zu lenken, die der Besserung bedürfen. - Doch hütet euch davor, euch als etwas Besonderes zu betrachten. Diese Gaben, die auch ihr nun entwickeln sollt, stehen der Menschheit zur Verfügung und dürfen niemals Selbstzweck werden. Ihr habt die Verpflichtung übernommen, mit diesen Gaben zum Segen des Lebens zu wirken und die mächtigen Lichtkräfte in alle Substanz zu lenken, damit sie durchlichtet und von allen Unreinheiten befreit werde.

Dies ist euer besonderer Dienst am Leben, eure Fähigkeit, die ihr entwickeln und weiter ausbauen müßt. Diese Gabe hebt euch über die Mehrzahl der Menschen hinaus, aber ihr habt im stillen damit zu wirken, ihr werdet darum keine Berühmtheit und nicht als besonderes Genie verehrt, sondern im Kämmerlein eures Herzens soll sich diese Blüte eures Menschseins entfalten.

Ihr seid unsere geliebten Schüler, und auch wir haben damit eine Verpflichtung übernommen, euch zu schulen und auf diesem Wege weiterzuführen. Die Schulungstempel in den inneren Reichen dienen diesem Zweck; ihr solltet sie oft besuchen, auch außerhalb der Aufgaben in dem jeweiligen monatlichen Lichtbrennpunkt.

Denkt darüber nach, welche Fähigkeiten ihr dem Leben zu bieten habt, und versucht, sie weiter auszubauen, zu entwickeln und zu verstärken, die kosmischen Lichtkräfte in euch aufzunehmen, um diese Gaben zum Leuchten zu bringen - entwickelt eure Talente!

* * *

Euer eigener innerer Plan gehört den kosmischen Ebenen an, er ist nach göttlichem Vorbild in euer Herz eingezeichnet worden. Ihr könnt ihn zum Ausdruck bringen, wenn ihr euch ganz den reinen Lichtkräften öffnet, die diesem Plan zum Durchbruch verhelfen.

Alles Große, Wahre und Schöne auf Erden ist in den reinen Lichtreichen für die Menschheit vorbereitet, und es gibt genügend empfängliche Gemüter, die diese großen Pläne in die Erdatmosphäre ziehen und mit irdischen Mitteln verwirklichen.

Hier in Luxor könnt ihr euren Plan studieren und als Inspiration mit in eure Welt bringen. Kommt und macht von diesem Angebot Gebrauch. Wir werden euch in alles einweisen, was wichtig ist für eure kommenden Aufgaben, die in eurem göttlichen Plan liegen.

Aber es gibt noch andere Aspekte hier zu lernen für Schüler, die ihre Fähigkeiten auf künstlerischem Gebiet haben.

Das große Reich der Musik ist ein weit offener Kanal für göttliche Kräfte, und jeder Musiker, jeder Selbst-Ausübende und jeder, der gern Musik hört, wird von göttlichen Schwingungen bereichert, wenn er harmonische Musik hört oder selbst musiziert. Die Regeln der Harmonielehre sind uralt, und Musiker aller Zeiten haben sie lernen müssen. Sie allein verleihen der Musik die

Kraft, die euch als Zuhörer erhebt und euch mit den göttlichen Reichen verbindet. Wird diese Harmonie gestört, so wird das Gegenteil davon erreicht, und niedere Kräfte mischen sich ein. Wählt also die Musik gut aus, die ihr hören wollt. Achtet darauf, daß sie euch in eine harmonische, friedevolle Schwingung versetzt und nicht aufrührerisch wirkt und niedere Instinkte anregt. Ihr kennt die Unterschiede, beachtet sie wohl.

Ein weiteres großes Gebiet ist das der Baukunst. Wir vermitteln auch hier den Interessierten die Pläne und Vorlagen, nach denen Tempel und zum Himmel ragende Bauwerke in allen Zeitaltern geschaffen wurden. Auch diese Maße sind kosmischen Ursprungs - göttliche Pläne sozusagen, die über die Zeitalter hin den Menschen durch die großen Baumeister überliefert wurden. Vieles davon ist verlorengegangen, und die Leere so mancher Kirchen in der heutigen Zeit wird euch dies bestätigen.

So wie bei der Musik und der Baukunst ist es auch mit allen anderen Künsten. Ein wahrer Künstler hat Anschluß an die göttlichen Reiche und kann auf diese Weise unvergängliche Werke schaffen, die der Nachwelt erhalten bleiben.

* * *

**Bringt eure inneren Kräfte hervor,
erweckt eure reinen Tugenden
und Eigenschaften,
steigt Stufe für Stufe die Lichtleiter hinauf!**

Durch die Verbindung mit der Bruderschaft des Lichtes werdet ihr eurem Ziel zugeführt. Jeder eurer Lichtfreunde ist bemüht, den Schülern seine Gaben zu bringen. Könntet ihr ermessen, wie hoch über eurem Begriff „Liebe" diese innige Zuwendung eurer Lichtfreunde liegt, ihr würdet mehr noch davon Gebrauch machen. Unsere Liebe ist rein und unpersönlich. Sie richtet sich auf jedes Menschenkind, auch das geringste - wieviel mehr auf unsere Schüler, die sich ihr bewußt öffnen! Es ist uns Bedürfnis, den Menschen unsere Gaben zu bringen, denn auch wir haben von den uns Vorausgegangenen diese Kräfte empfangen, und ihr werdet desgleichen tun. **Das Leben bedeutet immerwährenden Aufstieg zu höheren und vollendeteren Formen bis hinauf zum göttlichen Menschen, der auch euer Ziel ist.**

Wir sind euch geduldige Lehrer, geliebte Schüler des Lichtes, doch manchmal möchten wir euch ein wenig antreiben, damit ihr erkennt, daß keine Zeit mehr zu verlieren ist, daß jeder Tag kostbar ist und ihr ihn benutzen müßt, um für euch und die Reinigung des Erdenplaneten etwas zu tun.

Entfernt alle Trägheit, sie hat keinen Platz mehr im Leben eines Schülers auf dem Lichtpfade!

Wir wissen gut, daß Disziplin ein Wort ist, das die meisten Menschen nicht lieben, und doch ist kein Fortschritt auf eurem Wege möglich, wenn ihr diese Eigenschaft nicht in euer Leben einbezieht. Es hat zu allen Zeiten Lichtschüler gegeben, die müde und träge auf ihrem Wege wurden und Mal um Mal wiederkommen mußten, um wiederum zu lernen. Jedes Leben, das auf solche Weise verbracht wird, trägt die Möglichkeit eines erneuten Falles mit sich.

Ihr Schüler, ich möchte euch anfeuern und euch immer wieder klarmachen, daß nichts wichtiger für euch ist, als diesen begonnenen Weg nun zu Ende zu gehen, und zwar noch in diesem Leben! Das gleiche gilt für jeden Menschen: Das Wichtigste ist und bleibt der Weg zur Vollendung!

Ihr gehört einer Zeit an, in der vieles im Umbruch ist. Der Wechsel der Zeitalter bringt immer Unruhe in die Menschheit, das Neue strebt nach oben, und das Alte will seinen Platz nicht aufgeben, und so kommt es zu den Erscheinungen der heutigen Zeit. Dies müssen wir einplanen, wenn wir mit unseren Schülern rechnen wollen.

Wir sehen oft die Schwierigkeiten, die ihr euch meist selbst bereitet, und nicht immer können wir sie euch aus dem Wege räumen, weil ihr noch die nötigen Erfahrungen zu sammeln habt, damit am Ende ein geschliffener Edelstein aus der Hülle eures niederen Selbstes hervorstrahlt - das Endprodukt eures irdischen Lebens.

Das Leben, das ihr tragt, sollte ein einziger Weg nach oben sein - es muß keine Tiefen mehr geben. Ihr kennt die Möglichkeiten, über sie hinwegzusteigen mit Hilfe der Flammenkräfte, die ihr handhaben gelernt habt.

Die Aufstiegsflamme, die wir seit Zeitaltern hüten, enthält alle Kräfte, die euch auf den letzten Stufen eures Weges emporführen. Der Aufstieg in die Freiheit setzt sich aus kleinen Schritten zusammen, und Stück für Stück des Weges muß erarbeitet werden.

Macht euch klar, geliebte Freunde, daß euer irdischer Lebensweg eine Schule ist, in der es Prüfungen abzulegen gilt, um in höhere Klassen versetzt zu werden. So steigt ihr Stufe um Stufe auf eurem Weg, und daß eure Schritte nur noch aufwärts gehen mögen, darum sind auch wir bemüht.

Wir hüllen euch in die kraftvolle Strahlung Luxors ein und geleiten euch durch alle eure Aufgaben und Prüfungen hindurch.

Prüft euch auch selbst, damit ihr erkennen lernt, was ihr noch lernen müßt, und betrachtet alle Erfahrungen eures Lebens als Stufen auf eurem Weg. Die Schüler sind oftmals beunruhigt über solche Prüfungen ihres Lebens. Doch seid davon überzeugt, daß sie notwendig sind. Wir können sie euch nicht ersparen. Viele Dinge gilt es noch zu lernen, bevor ihr am offenen Tor von Luxor steht.

Wir erwarten euch, geliebte Freunde. Wir erwarten euer Kommen jedesmal mit Freuden, und denkt daran: Nur die Summe aller irdischen Erfahrungen kann zum ersehnten Ziel führen. Die Aufstiegsflamme bildet einen starken Zug, dem die Anziehungskräfte der niederen Welt nachgeben müssen, wenn ihr beharrlich auf das Ziel schaut und euch nicht ablenken laßt. Das liegt an den angesammelten und in dieser Flamme konzentrierten Kräften all derer, die das Ziel schon erreicht haben. Sie sind darin verankert als antreibender und erhebender Sog, dem ihr euch hingeben könnt, um die irdischen Bande zu überwinden. Doch, ihr Lieben, täuscht euch nicht selbst hinweg über die unerläßlichen Voraussetzungen, die ihr mitbringen müßt und die die Schulungen in unserem Tempel so unbeliebt bei den meisten Schülern machen: die Disziplin in der Überwindung der Neigungen und Wünsche des äußeren Selbstes, Abbau des meist viel zu wichtig genommenen Ichs und das liebevolle Zusammenwirken mit andersgearteten Lebensströmen. Das alles öffnet die verstopften Kanäle, und das starke Licht kann wieder eindringen.

Jede gründlich gelernte Lektion, jede bestandene Prüfung bringt euch eine Stufe höher - näher dem Aufstieg ins Licht -, und mit jeder erklommenen Stufe werden die Vibrationen, die Schwingungen eurer niederen Körper kraftvoller. Immer stärker wird das Licht eure niederen Formen durchstrahlen, bis ihr eines Tages das große Erlebnis der Lichtdurchflutung erleben werdet.

Euer selbsterwählter Weg führt in die Freiheit, des seid gewiß! Es hängt von euch ab, wann ihr diese Freiheit erreicht. Kommt, ihr Freunde, nehmt die machtvolle Aufstiegsstrahlung in eure Welt! Sie wird euch in den Stand setzen, alle Prüfungen besser zu bestehen und - daraus zu lernen.

ICH BIN stets euer liebevoller Helfer und Führer auf dem Weg in die Freiheit.

SERAPIS aus Luxor

LEKTIONEN

Hinweise

Wenn der Lichtschüler eine Wegstrecke an der Hand seines Meisters gegangen ist, kommt der Zeitpunkt, da seine Charakterschwächen und Fehler an die Oberfläche gespült werden, um erkannt zu werden. Dies sind Prüfungen, bei denen der Schüler sich zu bewähren hat, wenn er weiterhin die Verbindung zu den Lichtwelten aufrechterhalten will.

Es ist dies manchesmal ein schonungsloses Aufdecken solcher Schwächen, die dem Schüler noch anhaften, und er sollte sich nicht darüber beklagen, denn so ist am ehesten gewährleistet, daß er die Fehler überwindet und die nächsten Stufen in Angriff nehmen kann.

An diesem Punkt ihres Weges stehen zur Zeit die meisten Schüler, und weiterer Fortschritt kann sich nur einstellen, wenn solche Fehler erkannt und beseitigt werden. Seid deshalb ehrlich mit euch selbst, meine Freunde, beschönigt eure Fehler nicht, sondern versucht, das Eure zu tun, um sie abzulegen. Es sollte ein Kennzeichen des strebenden Schülers sein, daß er Offenheit verträgt, und wenn ihn seine Freunde und Mitwanderer auf Fehler aufmerksam machen, die er selbst noch nicht erkannt hat, sollte er dies annehmen.

Das Licht, das auch in euch immer stärker wird, duldet solche Unvollkommenheiten nicht mehr. So ist es gut, wenn ihr darangeht, eure Schwächen abzubauen, bevor euch schwierige Prüfungen in den Weg geführt werden. Dies ist nicht immer leicht, denn meist erkennt der Mensch die Schwächen nur bei seinen Nächsten und nicht bei sich selber! Luxor ist für diese schonungslose Offenheit bekannt und deshalb bei vielen Schülern unbeliebt, doch ihr solltet solchen Prüfungen nicht aus dem Wege gehen, sondern sie mutig annehmen und die Konsequenzen ertragen.

Es kommt darauf an, was ihr aus all diesen Erfahrungen eures irdischen Lebens lernt. Davon hängt es ab, wie schnell oder - wie langsam ihr vorwärts schreitet. Wenn ihr den Sinn und die Lehre aus einer solchen Erfahrung gezogen habt, ist sie vorüber und wird in dieser Form nicht mehr euren Weg kreuzen. Wenn ihr jedoch Widerstand leistet und sie nicht annehmen wollt, wird sie wieder und wieder in euer Leben treten - in anderen Formen, aber sie will euch das gleiche lehren, das ihr lernen müßt, wollt ihr weiter vorangehen.

Luxor ist **immer** für euch geöffnet, und wir sehen gern, wenn unsere Schüler sich hier freiwillig den Prüfungen unterziehen. Auch wenn dies eurem äußeren Bewußtsein noch nicht zugänglich ist, wird sich dennoch ein Erfolg in eurer äußeren Welt abzeichnen. Ihr werdet erkennen, daß ihr nach und nach schlechte Gewohnheiten und Fehler ablegt, ohne daß es euch schwerfällt, weil ihr dies in den inneren Reichen bereits gelernt habt.

Dies ist die Schulung in Luxor, und sie steht für jeden einzelnen unter anderen Aspekten - je nachdem, was der Schüler noch zu lernen hat.

Euer irdisches Leben ist genau eurer Entwicklung angepaßt. Es führt euch die Erfahrungen und Aufgaben in den Weg, die euch voranbringen. Keine irdische Schule könnte so genau abgestimmt sein auf den Bedarf des Schülers wie euer eigenes Leben, und so dient all euer Erleben nur dem einen Zweck: Vollkommenheit zu erringen.

Wenn ihr alle Erfahrungen unter diesem Gesichtspunkte betrachtet, werdet ihr nicht mehr rebellieren und euch ungerecht behandelt fühlen, sondern ihr werdet daraus lernen, und wenn ihr die Lehre erkannt und euch zu eigen gemacht habt und wieder eine Prüfung bestanden ist, rückt ihr in die nächste Schulungsklasse auf, und anderes tritt in euer Leben, das es dann wieder zu meistern gilt.

Seht doch ein, ihr Schüler, daß auf einem sonnigen, ebenen Weg, der keinerlei Anforderungen an eure Leistungsfähigkeit stellt, auch keine Stärkung eurer Kraft und Ausdauer erreicht wird, die nun einmal unerläßlich für einen Lichtschüler ist. Eine Prüfung währt nur so lange, bis ihr sie bestanden habt. So nur wird aus dem Schüler einmal ein Meister, und alle, die vor euch den Weg gingen, haben diese Erfahrungen machen müssen.

Laßt mich euch danken, daß ihr so willig auch Ungelegenheiten eures Lebens auf euch nehmt, um damit für die nächsten Stufen bereit zu sein.

Ich segne das Licht eurer Herzen und all eure Bemühungen und bin euch immer ein getreuer Helfer auf eurem Weg.

Serapis aus Luxor

LEKTIONEN

Verlasst die Wege der seichten Freuden und Genüsse

Gesegnete Wanderer auf dem Lichtpfad!

Das Weiß der Reinheit in eurer Flammenkrone zeigt uns an, was alles jeder einzelne noch zu tun hat, um einen klaren, breiten Strahl dieser göttlichen Tugend zu schaffen, denn zumeist ist er etwas verkümmert und wird von der einen oder anderen Strahlung überdeckt, die ihr schon weiter entwickelt habt.

Um dieser Reinheit willen sind nun viele Engelwesen in eure Welt gekommen, die es auf sich nehmen, euch bei der Entwicklung dieser Eigenschaften zu helfen. Auf euren Wunsch hin kamen sie, und wir müssen euch sagen, daß ihr Dienst nicht immer erfreulich ist. Ihr Schüler des Lichtes, die Reinheit ist eine mächtige Gotteskraft, der nichts Dunkles widerstehen kann. Wenn die Beweggründe hinter eurem Tun immer in Reinheit erstrahlen würden, hätte eure Flammenkrone ein gleichmäßigeres Aussehen. Viel muß noch an der Entwicklung dieser Eigenschaft gearbeitet werden, damit ihr eurem Ziele näher kommt.

So will ich euch diesen Hinweis geben, da es meine besondere Freude ist, einen Erfolg gerade dieser so notwendigen Tätigkeit zu sehen. Die Schaffung starker Grundlagen, auf denen allein eure Arbeit gedeihen kann, liegt euren Freunden und Lehrern sehr am Herzen, und da sie von jedem, der sich Schüler nennt, mehr Disziplin und Ausdauer erwarten als von einem Alltagsmenschen, sei euch diese kleine Lektion gegeben.

Verlaßt die Wege der seichten Freuden und Genüsse und erwerbt euch mit zunehmender Klarheit und Reinheit eurer Gefühle und Gedanken die Möglichkeiten, die einem Schüler den Fortschritt sichern.

Ohne beharrliches Befolgen aller Lehren, die ihr so frei erhaltet, wird kein Erfolg zu verzeichnen sein, doch sollte dieser Hinweis genügen, um euch zu immer neuem Bemühen anzuspornen. **Schönheit, Reinheit und Harmonie** sind nicht voneinander zu trennen, ordnet euch diesen „Großen Dreien" unter, und größere Freiheit wird die Folge sein!

SERAPIS

LEKTIONEN

Keine Begrenzung mehr annehmen

Die Strahlung eurer Gottgegenwart ist so machtvoll und umfassend, daß damit alles in eure Welt flutet, was zu eurem Lichtweg und eurem Fortschritt gehört.

Der Grund, weshalb dies von den Schülern noch nicht verwirklicht werden kann, liegt in der Vorstellung eurer eigenen Begrenzung. Ihr habt euch daran gewöhnt, daß euch dies oder jenes nicht möglich ist. Ihr habt euch an den Anblick des Alters, der Jahre, gewöhnt, an den Prozeß des Verfalls, und ihr bringt nur einen kleinen Prozentsatz eurer inneren Kräfte zur Anwendung.

Dies, ihr Schüler, ist der Bremsklotz eures Fortschritts, und so bemüht euch darum, diesen Vorstellungen ihre Kraft zu nehmen und sie eines Tages ganz zu beseitigen. Es sind nur **Vorstellungen**, alte Gedankenmuster.

Verlaßt die eingefahrenen Geleise, setzt neue Gewohnheiten an die Stelle der alten und erlebt, wie sich nach und nach die Fülle alles Guten in eurem Leben einstellt: Gesundheit, Spannkraft eures Körpers und wie euer Denken an Klarheit gewinnt, wie ihr immer mehr von dem göttlichen Plan, der in euch ruht, erfassen könnt und die göttlichen Ideen sich verwirklichen - durch **e u c h** in eurem Leben. Erwacht aus dem Schlaf, der euch noch immer umfangen hält!

Dies, ihr Freunde, sind meine Worte an euch, und meine Botschaft der Schönheit und Vollkommenheit für jeden einzelnen, der sich darum bemüht, möge sich für euch verwirklichen. Es bedarf nur der Umstellung eures Denkens. Laßt die strahlenden Kräfte euch erfüllen, die so frei verfügbar sind. Euer göttliches Ich überflutet euch damit, sie dringen in jeden offenen Kanal, der sich ihnen darbietet. Schließt die Tür zu vor allen bisherigen Gewohnheiten und Gedanken und öffnet sie dem Licht, den Kräften, die euch dienen. Lenkt eure Aufmerksamkeit weg von den Alltäglichkeiten eurer Welt, befaßt euch nur so weit damit, wie sie euren täglichen Pflichtenkreis ausmachen, sie haben aber nichts zu suchen in eurem Innern. Dort möge das Licht vorherrschen, die Freiheit und Schönheit, die sich dann auch nach außen hin offenbaren wird.

Laßt diese Worte in euer Gemüt ein, auf daß sie dort weiterwirken und euch die nötigen Impulse vermitteln, um umzuschalten vom bisher Gewohnten auf das Neue. Laßt Luxor ständig eure Heimat sein, immer sind wir für die Schüler bereit. Holt euch die Kräfte des Aufstiegs, die euch hinausführen aus der Welt der Vergänglichkeit in die Welt des Lichtes. Wir haben ein offenes Herz und offene Hände für jeden, der in unsere Strahlung kommt. Wir segnen euer Kommen und Gehen und erfüllen euch jederzeit auf euren Wunsch mit diesen göttlichen Kräften.

I C H   B I N   einer eurer Brüder im Licht

S E R A P I S   aus Luxor

LEKTIONEN

„GUT" SEIN

Das Erwecken der guten Kräfte in euch, die noch so oft von den Eigenschaften und Trieben überdeckt werden, die zeitalterlang euer Leben prägten, ist auf dieser Entwicklungsstufe, auf der ihr nun steht, eure vordringliche Aufgabe. Wie sehr wünscht sich jeder, ein guter Mensch zu sein, doch in der Regel ist er kaum gewillt, sich selbst dazu zu erziehen, zumal ja gute Menschen oft von anderen ausgenutzt werden. Außerdem bestehen viele verschiedene Meinungen darüber, was wirklich „gut" ist. Dies ist das Kernproblem der Zwistigkeiten unter den Menschen, weil jeder eine andere Auffassung von dem hat, was gut und richtig sein soll. Ihr habt viele Erklärungen darüber erhalten, wie sich ein Schüler auf dem Lichtweg zu verhalten hat, ich brauche es hier nicht zu wiederholen, und ihr habt immer wieder gehört, welche überragende Wirkung die reine Liebe bei all eurem Handeln hat. Wollt ihr einen Dienst für den Nächsten tun und seid im Zweifel darüber, was in diesem Falle gut und richtig ist, so laßt euch von der Liebe leiten, und euer Entschluß wird der rechte sein.

Gutsein aus Zweckgebundenheit, wie es viele kirchengläubige Menschen sind, die meinen, damit genug für die eigene Seele getan zu haben, reicht bei weitem nicht als Grund für den Lichtweg aus. Nur mit der inneren Hingabe und aus dem Gefühl der Einheit allen Lebens heraus erwächst das wahre Gutsein, und erst wenn alle verfügbaren Kräfte in den Dienst des Lichtes gestellt werden, seid ihr Repräsentanten der Weißen Bruderschaft, wenn ihr nichts mehr für euch selbst begehrt und zurücksteht, wenn es um die Ausbreitung des Lichtes geht, dann habt ihr den Fuß auf den steilen Pfad gesetzt, der in die Freiheit führt.

Licht und Liebe auf eurem Weg

SERAPIS

LEKTIONEN

Besiegt eure Rebellion

Vertraut mit den Gepflogenheiten von Luxor, seid ihr hier, um abermals Disziplin und Beherrschung der äußeren Persönlichkeit in euer Übungsprogramm aufzunehmen. Auch ihr, liebe Schüler, habt oft genug erfahren müssen, daß eure Begeisterung für strenge Zucht und Ordnung noch nicht ausreicht, um die Schulung hier erfolgreich zu absolvieren. Doch nun solltet ihr, die ihr Jahr um Jahr die Lehren dieser Neuen Zeit aufgenommen habt, bereit sein, die Anstrengungen auf euch zu nehmen, die eurer Vollendung vorausgehen müssen. Ihr wißt, es wird von euch erwartet, daß ihr nun lernt, mit Menschen anderen Temperaments und anderer Eigenschaften in Liebe mit- und nebeneinander zu leben, nicht nur hier in Luxor, wo dies angesichts der Strahlung der Aufstiegsflamme verhältnismäßig leicht ist, sondern auch in eurer Welt, wo zumeist verbindende gleiche Interessen und Bestrebungen fehlen. Die Beherrschung dieser Tugend muß von einem Schüler des Lichtes, der anderen Vorbild und Lehrer sein soll, erwartet werden. Nehmt willig alles in euer Leben auf, was der Entwicklung dieser wichtigen Eigenschaft dient. Eure Tauglichkeit für bestimmte Aufgaben wird davon abhängen, wie weit ihr gelernt habt, euer eigenes Ich und seine festgefaßten Meinungen zurückzustellen zugunsten eines anderen Gotteskindes, das auf den seinen beharrt. Nun, es wird sich erweisen, wie oft euch noch solche Gelegenheiten in den Weg geführt werden müssen. Die Stärke der Persönlichkeit hängt nicht davon ab, welches Maß an Kraft ihr aufzuweisen habt, sondern vielmehr davon, ob ihr darauf verzichten könnt, euch selbst mehr zu lieben als euren Nächsten.

So ist es in Luxor bei manchem Schüler zur Rebellion gekommen, und immer ging kostbare Zeit verloren, bis er gelernt hatte, in Demut allem Leben gegenüberzutreten, das wie er selbst im göttlichen Plan seinen bestimmten Platz auszufüllen hat.

Ihr geliebten Schüler, Unlust und Untätigkeit müssen aus eurem Leben entfernt werden. Was jedem nottut, ist begeisterte Aktivität im Dienste für das Licht. Daran wächst euer Fortschritt und eure Meisterschaft über Energie und Stoff, und euer göttliches Ich kann die Herrschaft übernehmen und euch zum „Aufstieg ins Licht" führen. Das ist der Plan für euer Leben, und es liegt an euch, an eurer Ausdauer und Disziplin, wie schnell er sich verwirklichen wird.

Luxor und seine Bruderschaft sind euch liebevolle Gastgeber und Berater, wenn ihr es wünscht, euren Schulungsplan zu absolvieren.

Auch   ICH BIN   euer liebender Freund

SERAPIS

LEKTIONEN

Erhebt euer Bewusstsein

Stille umfängt euch, wenn ihr euer Bewußtsein dem Alltag verschließt und es für das Einströmen aus den lichten Welten öffnet.

Wenn ihr in die höhere Dimension eintretet, in die Strahlung, die eure wahre Lebensessenz ist, so könnt ihr die Verbindung herstellen, die euch so am Herzen liegt.

Nehmt jede Gelegenheit wahr, um diese Verbindung mit dem göttlichen ICH anzustreben. Sie hebt euch heraus aus eurem Alltag; ihr braucht dieses Aufladen mit den göttlichen Kräften, um sie dann in Form eurer Anrufungen und Befehle wieder weiterzugeben.

Dieser erhobene Bewußtseinszustand kann eurem ganzen Tageslauf das Gepräge geben. Ihr könnt diesen Zustand aufrechterhalten, es bedarf nur der Übung, um das zu erreichen.

Wir wollen euch nun eine Übung für unsere gemeinsame Arbeit geben. Versucht, bevor ihr euer Zimmer verlaßt, diese Verbindung herzustellen. Haltet das Bewußtsein erhoben und bittet um den Segen aus kosmischen Höhen und nehmt euch vor, diese Verbindung im Laufe des ganzen Tages zu erhalten. Sooft ihr mit euren Gedanken abirrt, ruft sie wieder zurück. Dies bedarf nur weniger Sekunden, und eure Arbeit soll dadurch keine Unterbrechung erleiden.

Das ist möglich, geliebte Freunde! Viele andere haben es praktiziert und dadurch ihre Vollendung erreicht.

Ruft eure Brüder aus dem Tempel von Luxor, daß sie euch dabei behilflich sind. So wird eure Konzentration noch stärker sein, denn mit ihrer Hilfe kann dies getan werden.

Nehmt diese Übung in euren Tageslauf auf und bemüht euch, täglich daran zu denken!

Ich segne euer Bemühen und erleuchte euren Weg durch den Alltag.

SERAPIS aus Luxor

LEKTIONEN

Seid kein Asket

Das veränderte Weltbild eines Schülers des Lichtes gegenüber dem der großen Masse hat zur Folge, daß er sich absondern möchte, um seinen Erkenntnissen gemäß sein Leben einzurichten. Das führt dann oft dazu, daß er seinen Mitmenschen als Sonderling erscheint und belächelt wird. Ihr Schüler, hütet euch vor dieser Sonderstellung! Beispiel sein heißt nicht, etwas Besonderes sein zu wollen. Es heißt, an dem Platz, an dem ihr steht, so zu wirken, daß eure Nächsten euch mit Achtung entgegenkommen und von sich aus den Wunsch haben, zu werden wie ihr. Es ist Gesetz für einen Schüler auf dem Pfad, sich in jede Gemeinschaft, in die er gestellt ist, einzufügen, sei es im Beruf, in der Familie oder in geistiger Fortbildung. Und dies ist auch der Sinn eurer Schulung hier in Luxor. Bevor ihr das Wissen, das ihr euch im Laufe der Zeit erworben habt, nicht praktisch anwendet, seid ihr keine wahren Schüler, sondern bleibt Theoretiker wie so viele, die ohne jeden Fortschritt wieder und wieder nach Luxor kommen - sie erkennen nicht, daß ihr Anders-sein-Wollen sie daran hindert.

Ihr Schüler, die Atmosphäre in Luxor ist aufgeladen mit der Glückseligkeit all derer, die ihr Ziel erreicht haben. Laßt euch davon erheben und erkennt, daß diese Glückseligkeit schon in eurem äußeren Dasein erreicht werden kann und daß es wichtig ist, sie euren Mitmenschen zu demonstrieren und nicht als verbissener Asket zu erscheinen, dessen Beispiel für niemanden erstrebenswert ist.

Meine Freunde, Luxor soll euch die Freude vermitteln, die in erfolgreichem Dienen liegt, und wir zeigen euch geduldig immer wieder den Weg, wie ihr euer geistiges Streben mit eurem äußeren Leben in Einklang bringen könnt. Ihr, die ihr in der Welt steht, um die Welt erlösen zu helfen, dürft den Kontakt zu euren Mitmenschen nicht verlieren, doch laßt euch nicht hinabziehen, bleibt eurer großen Aufgabe treu, Vorbild zu sein.

Wir erwarten euch in Freude über jeden Fortschritt, den ihr zwischenzeitlich erzielt habt, und fördern euer Bemühen in jeder nur möglichen Weise.

I C H B I N   euer stets geduldiger Lehrer

S E R A P I S

LEKTIONEN

Sei du selbst

Die einfachste Regel, man könnte sagen, göttliche Regel, für einen Schüler heißt: **„Sei du selbst"**. Doch nicht du, das äußere Selbst, sondern das, was in dir zum Ausdruck kommen möchte, durch dich in deiner Welt.

So einfach diese Worte klingen, so schwierig sind sie für den Menschen zu verwirklichen. Denn alles, was das Äußere aufwertet, was es in den Vordergrund rücken möchte, das muß schweigen zugunsten des wahren Selbstes, und das, ihr Schüler, ist ein langer Entwicklungsweg.

Doch dieses Wort möchten wir euch ins Herz schreiben als Ziel und Zweck eures Lebens. Wenn dieses „Sei du selbst" verwirklicht ist, so hat der Christus die Herrschaft übernommen.

Daran arbeitet, geliebte Freunde, laßt das Licht in eurem Inneren sich ausdehnen, es ist seine Natur, hindert es nicht daran, laßt die äußere Schale aufschmelzen von diesem inneren Licht. Es möchte zum Ausdruck kommen, und die Fehler und Schwächen des äußeren Selbstes werden vergehen, wenn das Innere die Herrschaft übernommen hat. Ihr braucht sie nicht zu bekämpfen. Sie werden ersetzt durch die reinen wahren Tugenden.

Geliebte Schüler, auch dies sollte in der Zeit, während ihr eure Schulungen in Luxor absolviert, gelernt werden.

Ich gebe es euch mit auf den Weg, dieses Wort, an das ihr oftmals während eures Alltags denken solltet. Aber hütet euch, das äußere Selbst damit zu meinen. Laßt euer Inneres sprechen, und alle Unvollkommenheiten werden vergehen wie Schnee an der Sonne.

I C H   B I N   euch nahe, wenn ihr dies praktizieren wollt.

S E R A P I S , euer Freund und Bruder

LEKTIONEN

Vorbild sein

Ihr habt nicht wie wir die Schau auf die künftigen Ereignisse, doch wir sehen genau, was davon abhängt, wenn die wissenden Schüler noch viele Menschen mit diesem gleichen Wissen ausstatten. Die Menschenherzen werden empfänglicher für das, was ihr ihnen zu bringen habt.

Jeder einzelne Schüler soll künftig ein Vorbild sein für das, was er lehrt. Prüft selbst gewissenhaft, was daran noch fehlt. Legt alle Eigenschaften ab, die einem solchen Vorbild nicht mehr entsprechen, stärkt die guten Kräfte in euch. Bemüht euch darum, liebevoll, verständnisvoll und aufgeschlossen die Probleme der Menschen anzuhören. Seid ihnen liebevolle Berater, damit sie ihren Weg erkennen.

Es ist ein Teil eurer Schulungen in dieser Zeit in Luxor, daß ihr mit Menschen zusammengeführt werdet, die eure Hilfe suchen, die aber noch wenig Bereitschaft zeigen, das anzunehmen, was ihr ihnen zu bringen habt. Ihr aber habt die Aufgabe, trotz dieses Sträubens die Menschen weiterzuführen. O ihr Schüler, dies ist auch unsere Aufgabe gegenüber den meisten Schülern. Wir sehen oft, daß ihr wohl guten Willens seid, daß ihr aber nicht die nötigen Anstrengungen macht, die Ratschläge auszuführen, die wir euch geben, und so werdet ihr selbst durch diese ratsuchenden Menschen auf eure eigenen Fehler hingewiesen.

Die **Liebe** eures Herzens wird euch dazu befähigen, alle Aufgaben zu lösen, die euch in den Weg kommen. Dies ist das Wichtigste bei all eurem Bemühen. Laßt die Liebe vorausströmen auf euren Weg, in alle Aufgaben hinein, in alle Menschen, die in eure Nähe kommen!

Luxor ist der große Prüfstein für die geliebten Schüler, die den Weg in die Freiheit suchen, und all eure äußeren Erfahrungen dienen einzig dem Zweck eurer Vollendung.

Unser Dienst für euch ist die Verstärkung der reinen, aufstrebenden Kräfte in euch, die mitreißend wirken für all eure guten Eigenschaften, für das Hervorströmen eurer göttlichen Tugenden.

Und so laßt mich euch einhüllen in diese befreiende, kraftvolle Strahlung der Aufstiegsflamme. Erfüllt das Gelöbnis eures Lebens, das große Freiheitswerk einzuleiten, und werdet selbst frei auf diesem Wege.

I C H   B I N   stets einer eurer Freunde im Licht

                                S E R A P I S   aus Luxor

LEKTIONEN

SEID EIN LICHTBRENNPUNKT

Es wird wieder eure Aufgabe sein, die Segnungen der Lichtreiche an alle Menschen eurer Umgebung weiterzutragen, und wenn ihr diesen Dienst erweitern könnt und wollt, so strahlt diese Gaben in einen größeren Umkreis aus. Bedenkt jeden eurer Nächsten mit diesen besonderen Segnungen, daß auch er angeregt werde, die Flamme in seinem Innern zu erweitern und den Glauben an das Gute wieder zu entzünden. Dies ist keine leichte Aufgabe, denn viele Menschen werden äußerlich davon keine Notiz nehmen, doch laßt euch nicht von eurem Liebesdienst abhalten. Tut dieses Werk, das so notwendig ist. Ihr sollt unsere Vorposten sein - sollt zu einem mächtigen Pfeiler des Lichtes werden und automatisch diese göttliche Strahlung verbreiten. Seht euch als strahlenden Lichtbrennpunkt - der sich weit ausdehnt und durch den wir unsere mächtigen Lichtkräfte schleusen können.

ICH BIN immer euer Helfer und Freund

SERAPIS

LEKTIONEN

Kommt in meine Aura

Liebe und Verehrung eures Lichtes bringen eure Freunde euch entgegen. Dies schließt jedoch nicht aus, daß wir die Belehrungen, die wir euch erteilen, mit einer gewissen Strenge handhaben und damit eure Wachsamkeit aufrütteln möchten, eure Hingabe an den Lichtdienst und eure Disziplin bei all eurem Streben.

Wir sehen oft eure Müdigkeit und spüren, daß manchmal die Hoffnung in eurem Herzen auf ein schöneres Dasein zu schwinden beginnt. Ihr Schüler, der Weg in die Freiheit ist lang, und doch habt ihr in diesem Leben so große Möglichkeiten wie nie zuvor, dieses Ziel zu erreichen. Wir sagen euch dies nicht umsonst immer wieder, es soll euch anspornen, eure Kräfte zusammenzufassen und sie auf dieses große Ziel zu richten.

Wir nehmen euch stets in unsere Schulung, wenn ihr darum bittet, auch außerhalb der üblichen Zeiten in unseren Retreats, und so möchten wir euch raten, oft in die Strahlung der Aufstiegsflamme einzutauchen und euch von dieser erhebenden Kraft durchdringen zu lassen, sie durch jede Körperzelle zu ziehen und euch die Spannkraft, die sie mit sich trägt, zunutze zu machen. Sie kann euch über Tiefpunkte in eurem Leben hinwegtragen und hüllt euch in ihre belebende aufwärtsströmende Kraft ein. Ruft sie immer zur Hilfe, wenn ihr solche Phasen in eurem Dasein zu überwinden habt.

Kommt in meine Gegenwart, habt keine Bedenken, sondern steht in meiner Aura, laßt euch erfüllen von dem Strom der Liebe, der mit den Aufstiegskräften verbunden ist, und spürt auch die Kraft der Reinigung, die euch durchdringt.

Eure so gereinigten und geklärten niederen Träger dienen als Magnet für all die Kräfte, die aus den Lichtreichen in die Erdatmosphäre strömen und die in solche offenen Kanäle fließen und euch segnen, wenn ihr sie herbeiruft.

Ihr seid Ankerplätze für alle göttlichen Kräfte, ihr habt es nur noch nicht genügend erfahren, übt es, und alle Kräfte werden euch dienen. Habt Zutrauen zu dieser inneren Kraft, die euch eingeboren ist, laßt sie wirken und alles heranziehen, was ihr je braucht, um euer Leben in die Vollkommenheit zu führen. Nehmt meine Liebe an, die euch gern all das schenken möchte, was ihr noch vermißt in eurem Dasein - doch ihr müßt dafür geöffnet sein, ihr müßt die Kräfte anfordern und die Geschenke, die euch zuteil werden, benutzen und damit euer Dasein erfüllen. Ein Geschenk bedarf der Annahme.

Hebt euch heraus aus der Masse auf die Weise, die wir euch lehren, aber bleibt verbunden mit dem Leben überall auf Erden, das eurer Kräfte und eurer Hilfe bedarf, damit es sich immer mehr vervollkommnen und die sich erweiternde und erhöhende Schwingung aufnehmen kann. Nehmt die Kraft, die euch innewohnt, wahr, wirkt und arbeitet damit und werdet Lichtbringer für die irrende Menschheit. Dies ist euer Daseinsgrund, und dafür wirken auch wir, eure Freunde im Licht, die euch mit ihren Kräften beschenken möchten.

ICH BIN einer von ihnen

S ERAPIS

LEKTIONEN

Umgebt euch mit einem Mantel aller sieben Strahlen

Ihr steht im Dienste des göttlichen Planes für diesen Planeten, im Dienste der Bruderschaft des Lichtes, die euch Segen über Segen zukommen läßt, damit ihr eure Aufgabe, der ihr euch verschrieben habt, erfüllen könnt. Die Aufstiegsflamme von Luxor erleuchtet euch den Weg heimwärts, und sie dient dazu, euch über viele Schatten hinwegzuheben und zusammen mit den Segnungen eurer Lichtfreunde in den Stand zu setzen, das Tor von Luxor in die Freiheit zu durchschreiten. Diese Gelegenheit halten wir für jedes Menschenkind bereit, doch die Menschenseele braucht lange Zeiträume, um eines Tages diese Gelegenheit zu erkennen.

Da ihr euer Bewußtsein für diese Möglichkeit geöffnet habt, ist nun die Zeit für euch gekommen, da ihr näher an unser Herz gezogen werdet und euch Einblick in die göttlichen Gesetze gegeben wird, um euch das letzte Wegstück leichter zu machen. Meine Freunde, die Schulungen in Luxor stehen am Ende eines jeden im Dienst für das Licht gelebten Lebens. Sie setzen voraus, daß der Schüler seine unguten Eigenschaften bereits abgelegt hat, bevor er an dieses letzte Wegstück kommt und gewillt ist, sich diesen Schulungen zu unterziehen und das äußere Selbst noch mehr zu disziplinieren.

Eure besondere Aufgabe wird diesmal sein, die Kräfte herbeizuschleusen, die die Erdenmenschheit jetzt benötigt, um über alle Hürden, die sie sich selbst aufgebaut hat, hinwegzukommen. Ihr könnt euch gewiß nicht viel unter dieser Arbeit vorstellen, und doch ist sie der Grund eures Hierseins. Es bedeutet, daß ihr auch bei eurem täglichen Dienst alle Strahlen und Eigenschaften herbeizieht, die der Menschheit dienen sollen, und daß ihr euch selbst mit einem Lichtmantel aller sieben Strahlen umgebt, um damit eure Welt und jeden, der in eure Nähe kommt, zu segnen. Erfüllt das alles mit der antreibenden Kraft der Aufstiegsflamme, die ihr mit dem heiligen Atem in Bewegung setzt.

Wir wissen, daß wir viel von euch erwarten, doch wenn ihr euch an den göttlichen Kraftstrom angeschlossen haltet, wird euch der Weg leichter. Die Gesetze des Lebens müssen von jedem Menschen erkannt und einmal erfüllt werden, und ihr tut gut daran, sie euch immer wieder bewußt zu machen. Das größte Gesetz des Lebens ist die Liebe. Sie muß all eurem Tun zugrunde liegen, denn eure Anstrengungen sind nutzlos, wenn nicht die Liebe dahintersteht. Nicht aus Pflichtgefühl solltet ihr sie tun, sondern aus Liebe zum Leben. Das allein gibt die nötigen Impulse und die starke Durchschlagskraft für die Strahlung, die ihr in Tätigkeit setzt. Denkt daran, meine Freunde, wenn ihr auf diese Weise arbeitet. So ist es auch in Luxor bei allen strengen Schulungen die Liebe, die hinter allem steht, was ihr an Aufgaben erhaltet, die Liebe zu jedem Schüler, der gewillt ist, im Dienste des Lichtes seine Kraft einzusetzen.

Kommt, meine Freunde, laßt euch von dieser Liebe erfüllen, damit sie auch euch zur Verfügung steht. Angeschlossen an diesen mächtigen Kraftstrom werdet ihr eure Aufgaben erfüllen. Der Segen der Aufstiegsflamme umhüllt euch und weist euch den Weg aufwärts.

Eure Freunde sind euch liebevolle Helfer, und einer davon bin auch ich

S E R A P I S

LEKTIONEN

Besteht eure Prüfungen

Es ist eine alte Regel für die Schüler und Jünger aller Zeitalter, daß niemand die Schwelle in die ewige Freiheit übertreten kann, bevor er nicht die letzten Schulungen in Luxor absolviert hat. Sie bestehen aus einigen schwierigeren Graden, als ihr sie jetzt in eurer irdischen Welt erfassen könntet, und es gibt viele, die wieder auf ihrem Pfad umgekehrt sind und noch ein weiteres Erdenleben vorzogen, bevor sie den Fuß wieder nach Luxor setzten.

Meine Freunde, ich gebe euch dies abermals zu bedenken; der Weg durch die Hallen von Luxor hält Übungen für euch bereit, die ihr nicht so ohne weiteres annehmen werdet. Wir wissen dies wohl, denn ihr seid nicht das erste Mal hier. Jahr um Jahr seid ihr unsere Gäste gewesen, und ihr Schüler, die ihr schon längere Zeit die Brükke-Lehren praktiziert, wißt wohl, was hier von euch erwartet wird an Eigenschaften und Kräften, die auch in eurer irdischen Welt eure Erfahrungen prägen. Oft schon seid ihr solchen Erfahrungen begegnet, oft seid ihr ihnen ausgewichen, und ich möchte euch noch einmal darauf hinweisen, daß zur gleichen Zeit, da ihr nachts eure Schulungen erhaltet, auch einiges in eure irdischen Erfahrungen treten wird, was euch ähnlichen Bedingungen gegenüberstellt, wie ihr sie hier in euren feineren Körpern vorfindet. Seid also bereit, diesen Erfahrungen zu begegnen und die Liebe eurer Herzen vorauszusenden bei allem, was euch an Tätigkeiten und Problemen auferlegt wird, als eine wichtige Vorstufe für die Schulungen in unserem Lichtbrennpunkt.

Ich möchte euch mit diesen Worten nicht erschrecken. Es wird jedoch von einem Lichtschüler erwartet, daß er anders auf Probleme reagiert als die Massenmenschen, die mit ihrer materiellen Einstellung und ihrer Ich-Sucht oft solchen Dingen ausweichen oder in Disharmonie zu ihren Mitmenschen geraten. Zeigt euch der höheren Belehrungen würdig, die ihr hier erhaltet, indem ihr die Vorstufen gewissenhaft und in Bereitschaft zur Lösung aller Probleme nehmt und die reine Liebe eurer Herzen in alles sendet, was euch begegnet. Nach und nach erwarten wir von den Schülern, daß sie diese Prüfungen bestehen. Stellt euch nun darauf ein, wenn ihr die Schulungsräume von Luxor betretet, nehmt euch vor, ehe ihr herkommt, bereit zu sein und die Lehren, die euch liebevoll gegeben werden, anzunehmen.

Mit ihnen ist es euch möglich, alle Aufgaben zu lösen. Eure Freunde und Helfer hier sind mehr als ihr selbst daran interessiert, euch zu unterweisen und zu starken und kraftvollen Helfern für die Menschheit heranzubilden. Deshalb sind diese Prüfungen nötig. Sie dienen eurer eigenen Entwicklung und der Erweiterung eures Bewußtseins, sie dienen der Disziplin eures äußeren Selbstes.

Ich möchte euch mit der ganzen Liebe meines Herzens einladen, hierherzukommen, willig und bereit, an die Aufgaben heranzugehen. Das Licht eurer Herzen wird euch Führer und Helfer sein. Luxor ist stets geöffnet für euch, und ihr mögt die Strenge, die hier herrscht, nicht mit Lieblosigkeit verwechseln. Es ist die große Liebe zu den Schülern in aller Welt, die uns diese Aufgaben vorbereiten läßt. Ohne eine solche strenge Schulung ist keine Weiterentwicklung möglich. Wenn ihr auf eurem Wege umkehrt, müßt ihr sie einmal wiederholen, ihr werdet wieder an diesem Punkt des Weges stehen, und so kann ich euch nur raten, alles anzunehmen, was euch in den Weg geführt wird, hier wie dort in eurer Welt.

Unsere Liebe und Bereitschaft zur Hilfe und Führung der geliebten Schüler kennt keine Grenzen. Nehmt dies fest in euer Bewußtsein und laßt euch umhüllen von der Liebe und der mächtigen Strahlung, die hier herrscht, von der Aufstiegsflamme mit ihrer antreibenden, erhebenden Kraft. Nehmt sie mit in eure Welt, lenkt sie in die Menschenherzen, in die Atmosphäre und seid stets verbunden mit euren Freunden im Licht.

Einer von ihnen bin auch ich

SERAPIS aus Luxor

LEKTIONEN

Kandidat für den Aufstieg

Bemüht euch, geliebte Schüler, den mächtigen Kräften der Aufstiegsflamme möglichst nahezukommen, befreit euch von allen Schatten und bildet einen reinen Kanal für das Licht, so wird es euch möglich sein, die Kräfte in voller Bereitschaft aufzunehmen. Diese Bereitschaft zeigt auch uns an, wo ihr steht, wieviel ihr gearbeitet habt seit eurem letzten Hiersein, und es wird auch unser Bemühen sein, euch immer weiter die steilen Stufen der letzten Wegstrecke aufwärts zu führen, hin zu den letzten Schritten durch das Tor von Luxor.

Wann ein jeder von euch für diese letzte große Anstrengung bereit sein wird, hängt allein von euch ab, von eurem ausdauernden Bemühen um die Reinigung und von eurem Dienst für die Menschheit und das Leben dieses Planeten.

Nicht allein für euch selbst könnt ihr vorwärtsstreben, denn alles Leben ist eine große Einheit, und ihr als die Pioniere, die Vorläufer für noch viele Menschenkinder, steht in erster Linie im Dienst für das Ganze.

Die Freiheit von allen Fesseln der Zeitalter ist euch für dieses Leben in Aussicht gestellt worden, und wir halten fest an dem Wort für jeden einzelnen von euch:

„Kandidat für den Aufstieg".

Kommt, geliebte Freunde, erfüllt euch mit den Kräften der heiligen Flamme, übt euch in Disziplin und dem heißen Bemühen um die Erfüllung eures göttlichen Planes, dem

Aufstieg in die Freiheit!

Wir stehen euch zur Seite und geben euch alle Hilfen, die nur möglich sind, damit ihr schneller euer Ziel erreicht.

Eure Hände mögen sich ausstrecken, die heiligen Flammen aufnehmen und sich in unsere Hände legen, die euch liebevoll führen werden.

ICH BIN euer Freund aus alter Zeit und für immer

SERAPIS aus Luxor

LEKTIONEN

Das Tor von Luxor - die Vollendung unseres Aufstiegs

Luxor... die letzte Station derer, die sich aufgemacht haben, ihre Erdenreise mit den dazu erforderlichen Qualifikationen zu beenden, um durch das Tor des Aufstiegs in die Freiheit zu schreiten! Viele Träume und Hoffnungen, aber auch Enttäuschungen der Schüler aller Zeitalter, die den strengen Schulungen hier nicht gewachsen waren, vibrieren in der Akasha-Chronik dieser heiligen Stätte - aber auch die geistigen Kräfte vieler Erleuchteter, so daß der Schüler sich emporgetragen fühlt, wenn er hier eintritt.

Der große Meister SERAPIS BEY, dessen Name der Inbegriff der Disziplin ist, schaut auf das Licht im Herzen des Kandidaten.

Seine hellen, bernsteinfarbenen Augen durchdringen ihn; was wird der Aspirant empfinden? - Wird er dem Blick dieser klaren Augen standhalten?

Welch eine Erleichterung, wenn der große Meister lächelt - und ermunternd rät:

Versuche es!

DIE SIEBEN TEMPEL DER EINWEIHUNG

> Der Kandidat für den Aufstieg muß erfolgreich die Prüfungen der sieben Tempel bestehen; er muß die völlige Hingabe von Herz, Seele und Geist erlernen und den Wunsch haben, dem göttlichen Willen zu folgen.

ERSTER TEMPEL

Dem Kandidaten wird ein ruhiger Platz zugewiesen, um sich hier zu bemühen, mit seiner Gottgegenwart aufs innigste zu verschmelzen.

Anschließend ist im Ersten großen Tempel unter der Leitung von Meister E L M O R Y A und seinen Assistenten die erste Prüfung zu bestehen.

DIE EIGENSCHAFT DER EMPÖRUNG - DER KRITIK - muß aufgeschmolzen werden.

Empörung gegen Disziplin und Selbstkorrektur bedeutet eine Schranke für jeden wirklichen geistigen Fortschritt. Empörung und Kritik gegen Ungerechtigkeiten, welcher Art auch immer, begrenzen das Bewußtsein!

Negative Zustände aufzulösen und im Frieden seiner selbst zu bleiben - das kosmische Gesetz zur Anwendung zu bringen - ist die Lösung!

Es gibt schwierige Situationen, die dem Kandidaten vor Augen geführt werden, um seine Empörung und seine Kritik herauszufordern.

* * *

Zweiter Tempel

Diejenigen, die die Prüfungen im Ersten Tempel bestanden haben, werden in den Zweiten Tempel, den Tempel des Unterrichts, aufgenommen. Die Lehrer, unter der Aufsicht von Meister LANTO, erklären den Schülern die Anwendung der Gesetze. Sie entwickeln Verständnis für **das Gesetz von URSACHE UND WIRKUNG** und aller anderen kosmischen Gesetze. Diese Zeit ist angenehm und glücklich. Es ist die Zeit der Aussaat, die Zeit, in der der Atem des Lebens auf die Saat gehaucht wird, für andere Schüler auch die Zeit, in der die Ernte dieser Arbeiten eingesammelt wird. In dieser Zeit entfaltet der Künstler seine Fertigkeit, der Musiker die Gewandtheit musikalischen Vollbringens, der Lehrer die Beredsamkeit, die ihn befähigt, sein Wissen anderen zu übertragen und in den Schülern Begeisterung zu erwecken. Hier empfängt der Staatsmann die Visionen für den Fortschritt seines Landes. In dieser Zeit entfaltet sich alles Gute und wächst, und die Begeisterung der Brüder und Schwestern ist sehr groß.

* * *

DRITTER TEMPEL

Die Einweihung im Zweiten Tempel bestehen die meisten mit Erfolg, und sie gelangen sodann in den Dritten Tempel, unter den Schutz und die Führung der geliebten ROWENA. Hier geht es wieder um **DISZIPLIN, VERSTÄNDNIS UND LIEBE.** Mit Lebensströmen, die eine andere Schwingungsfrequenz als der Kandidat haben, die völlig anders geartet sind, harmonisch zu leben, ist die Aufgabe in diesem Tempel.

Die Meisterin NADA berichtet aus dieser Zeit: Ich lebte dort mit Lebensströmen zusammen, die es schwer hatten, miteinander auszukommen. Sie waren in einem Schulungsprozeß, in dem sie lernen mußten, jedem Druck standzuhalten, durch den ihre Energien angegriffen wurden.

Ich ging durch verschiedene Gruppen, stets in dem Bestreben, durch meine Liebe Beleidigungen und Schmerzen aufzuschmelzen. Als ich unempfindlich geworden war und mich selbst nicht mehr wichtig nahm - erreichte ich ein Gefühl großer Gelassenheit und Stärke - und bestand meine Prüfungen.

Es ist eine der schwierigsten Prüfungen - und jeder erfährt in seiner Erdenschule ähnliche Herausforderungen.

* * *

Vierter Tempel

Vom Dritten Tempel begeben wir uns in den Vierten, in meinen Tempel. Hier muß der Kandidat seine **REINHEIT UND KLARHEIT** bei den zu bestehenden Prüfungen unter Beweis stellen.

Ähnlich wie auch JESUS CHRISTUS seine Einweihungsprüfungen zu bestehen hatte, werden auch hier dem Aspiranten alle möglichen Versuchungen vor Augen geführt.

Viele Stimmen werden zu ihm sprechen. Große Möglichkeiten werden ihm vorgegaukelt, und das Ego will sich wieder aufblähen, wie es so oft geschieht. In dieser Zeit sich von seinem Eigendünkel zu trennen und auf seine göttliche Stimme zu lauschen - ihr unbeirrt zu folgen - alle Prüfungen, alle Versuchungen in leuchtender Klarheit zu bestehen, ist die Voraussetzung, um in diesem Tempel mit seinem Christ-Selbst zu verschmelzen.

* * *

Fünfter Tempel

Die immer kleiner gewordene Anzahl unserer Schüler wird in den Fünften Tempel unter die Obhut des großen HILARION gebracht. Hier werden die Kandidaten zu Priestern und Priesterinnen der Flamme des heiligen Feuers geweiht.

Wer in den Fünften Tempel aufgenommen wird, hat die Einweihung zur Vereinigung mit dem heiligen Christ-Selbst bestanden.

Vor der weihevollen Zeremonie, die der große HILARION, Erzengel RAPHAEL oder ein Mitglied seines Tempels vollziehen, wird den Aspiranten das Gewand ihres zukünftigen Amtes verliehen. Seidene Gewänder hüllen sie ein, und goldene Sandalen bekleiden ihre Füße. Ehe das Licht in den Körper der Anwärter einfließt, werden zuerst die feinstofflichen Körper geweiht.

Nach der Einsegnung der inneren Körper wird die Weihe der einzelnen Sinne von dem vorsitzenden Priester und von mir vorgenommen. Es ist dies eine prachtvolle Zeremonie, die eines Tages auch in eure zukünftigen Zeremonien eingeflochten wird, nämlich dann, wenn ein Lebensstrom für außergewöhnliche Dienste vorgesehen ist. Es beginnt mit der **WEIHE DER HÄNDE,** durch die die Heilungsflamme lodert, anschließend folgt die **WEIHE DER FÜSSE,** daß sie zum Ankerplatz des heiligen Feuers werden, wo immer der Körper wandelt, auch die Lippen und die Augen werden geweiht.

Herrlich anzuschauen sind die Priester und Priesterinnen. In ihren leuchtenden Gesichtern steht die Liebe zu den Menschen, die Güte und Hilfsbereitschaft, zu heilen und zu dienen, geschrieben.

* * *

SECHSTER TEMPEL

Im Sechsten Tempel werden den Aspiranten verschiedene Aufgaben zugeteilt.

Eine Aufgabe z.B. wäre, Luxor zu verlassen und für gewisse Zeit als Bettelmönch in der irdischen Welt zu wirken.

Seine Aura, seine geistige Wachsamkeit, seine Würde, sein Blick und seine Gebärden sollten ihn als Diener des Lichtes ausweisen - und in jedem Lebensstrom, mit dem er in Berührung kommt, den Wunsch nach Vollkommenheit wecken.

Bereit sein zu demutsvollem Dienen - in allen Situationen Würde und Selbstbemeisterung zu behalten und auch unter schwierigsten Umständen im tiefen Frieden und in der Harmonie ihres Herzens zu bleiben, alles Leben anzunehmen und zu lieben - so wie JESUS CHRISTUS es uns vorgelebt hat, ist das Ziel dieser Schulung. Das große Wort - **ICH BIN EINS MIT ALLEM LEBEN** - sollte den Kandidaten wie ein mächtiger Kraftstrom durchpulsen.

* * *

Siebenter Tempel

Im siebenten Tempel, dem Tempel des violetten Feuers, durchlodert die Flamme der Freiheit den Aspiranten - er steht in der Strahlung des violetten Feuers - und die ganze Reinheit seines Wesens ist zu erkennen.

Den göttlichen Willen durch jede Zelle seines Seins auszudrücken, wird hier zur Selbstverständlichkeit. Die völlige Beherrschung der vier niederen Körper, die Befreiung von allen selbstsüchtigen Wünschen, erfüllen den Aspiranten mit dem beseligenden Gefühl der Freiheit.

Das reine göttliche Licht aus der ICH-BIN-GEGENWART durchflutet nun uneingeschränkt auch die vier niederen Körper.

Der Lebensstrom, der die Prüfungen bestanden hat, erfährt beglückt das **EINSSEIN ALLER SIEBEN KÖRPER** - die absolute Vereinigung mit seiner göttlichen Quelle - seinem I C H   B I N .

* * *

SERAPIS - UNSER LIEBENDER FREUND

Die Aufstiegsflamme von Luxor hat Jahrhundert um Jahrhundert die Menschen zu erheben versucht, doch es waren nur wenige, die durch dieses geöffnete Tor getreten sind. Die Zeit jedoch, daß viele, viele diesen Schritt tun werden, ist gekommen, und wir erwarten jeden der geliebten Schüler des Lichtes.

Es ist auch für uns immer wieder ein erhebendes Gefühl, ein Lichtkind durch das Tor von Luxor der ewigen Freiheit entgegenschreiten zu sehen. Wir alle, die wir hier unseren Dienst für die Menschheit leisten, sind in einem solchen Augenblick sozusagen in einem Ausnahmezustand. Auch wir nehmen alle unsere Kraft zusammen, um diesem „Kandidaten für den Aufstieg" den letzten Schritt zu erleichtern. Es ist ein großes Geschehen, das auch wir mit Freude feiern, und wir befinden uns in froher Erwartung auf solche künftigen Feierstunden für jeden von euch.

Diesen Augenblick herbeizuziehen, ist auch unser Bemühen gewidmet. Viele gehen in jedem Jahr als Vollendete durch das Tor von Luxor - das möge euch Ansporn sein zu gleichem Streben. Es wird leichter und leichter, je weiter die Zeit voranschreitet, je mehr die Schwingung sich erhöht.

Und jetzt tretet mit mir ein in die reine Strahlung der Aufstiegsflamme, laßt euch von ihr durchdringen....
Sie regt die Schwingung eurer Körper an...
Die Stärke eures inneren Lichtes wird sichtbar...

Laßt eure inneren Kräfte frei werden zum Dienst für das Gute, zum Segen für das Leben und den Fortschritt auf Erden.

Das Licht meines Herzens hüllt euch ein, und I C H B I N einer eurer Lichtführer

S E R A P I S , euer liebender Freund

Belehrungen
von Erzengel Gabriel

Der Erzengel G A B R I E L hält den vollkommenen Plan für jeden Menschen und den Planeten Erde aufrecht. Er ist im Tempel der Auferstehung und im Aufstiegstempel tätig.

Die Zwillingsflamme G A B R I E L S ist euch unter dem Namen H O P E (Hoffnung) bekannt. Ihr Dienst bezieht sich auf das, was ihr Name besagt: Sie schenkt dem menschlichen Herzen Hoffnung auf das Kommende, Bessere. Ihre Strahlung ist voller Spannkraft, erhebend, froh und eingebungsvoll. Wie die Ausstrahlung der Wärme aus den Öfen eurer Wohnung Behaglichkeit verleiht, so wirkt sich auch die Ausstrahlung jeder Intelligenz - göttlicher oder menschlicher - durch Gedanken, Gefühle, Worte und Handlungen auf eure Atmosphäre aus. Das ist keine Mystik, sondern eine erwiesene Tatsache. Die Nähe eines Ofens verschafft ein Wärmegefühl; die Nähe eines Göttlichen Boten hebt das ganze Bewußtsein und die Welt desjenigen, der die Gegenwart eines solchen Wesens mit seinen ausstrahlenden Segnungen, Gaben und Tugenden zu sich einlädt.

Erzengel G A B R I E L S Worte:

Der Begriff der Auferstehung ist der Christenmenschheit zumeist nur durch die Taten des großen Meisters von

Nazareth bekannt: die Auferstehung aus dem Grabe und den späteren Aufstieg, die Himmelfahrt.

Doch Auferstehung vollzieht sich ständig, sowohl bei jedem Menschen als auch in der Natur. Auferstehung ist das Zauberwort, wenn nach langem Winterschlaf das Wachstum wieder beginnt und die Erneuerung alles Leben erfaßt. Auferstehung ist nicht nur an den Frühling gebunden, jeder Wissende kann die Kraft der Auferstehungsflamme für seinen eigenen Lebensstrom benutzen, für seine Vervollkommnung und seinen dereinstigen Sieg.

Das war die „Frohe Botschaft" der Mission J E S U , zu beweisen, daß der Tod keine Macht über das Leben hat, sondern daß ein Mensch, der die Gesetze kennt, in der Lage ist, den Erneuerungsprozeß für den Sieg seines inneren C H R I S T U S anzuwenden und ihn aus dem Grabe auferstehen zu lassen, in das er so lange eingekerkert war.

Ich komme aus dem Reiche des göttlichen Lichtes, das niemals irrt - in das verdunkelte Reich der Erde, und rufe euch zu:

„Ihr seid Götter im Werden - warum bleibt ihr im Schatten, wenn doch in euren Herzen das Feuer der Unsterblichkeit brennt?"

Ich weile im vierten Sphärenbereich und wirke zusammen mit dem großen S E R A P I S . Es ist Zeit, daß ihr den Staub der Jahrtausende aus euren Kleidern schüttelt. Öffnet die Türen und Fenster eures Bewußtseins - laßt euch durchströmen von eurer göttlichen Quelle - werdet eins mit ihr!

Religion - Rückverbindung zur göttlichen Quelle ist nicht nur eine Zeremonie. Sie ist täglich, stündlich, ja minütlich positiv gelebtes Leben.

Religion ist eine Sache der Disziplin, Selbstbeherrschung - sie ist die Entfaltung von Liebe und Dank für das Leben. Mit der ganzen Macht und der Liebe meines Herzens durchflute ich nun euren Denk- und Gefühlskörper, euren Äther- und physischen Körper, um mit dieser kraftvollen Strahlung die Strömungen umzuwandeln, die euch an Niederes binden und einen Anziehungspunkt gebildet haben, der euch an die Erde fesselt.

IHR SOLLT FREI SEIN!

Ich, G A B R I E L , spreche in eure Herzen:

Erinnert euch an mich. Ruft die Flamme der Auferstehung und des Aufstiegs!

Laßt all das, was „tot" in euch zu sein scheint, AUFLEBEN:

> das göttliche Licht
> die göttliche Schönheit
> die göttliche Liebe

Erfüllt euch mit Licht - mit der reinen göttlichen Energie, löst euch aus eurer Begrenzung - werdet Licht - werdet unangreifbar für niedere Kräfte - entfaltet euch zur Meisterschaft.

Vermehrt mit eurer Arbeit die Kräfte des Lichtes, und die Auferstehung aus dem Grabe der Zeitalter wird vor sich gehen. Die destruktiven Kräfte werden ihren Einfluß verlieren in dem Maße, wie das Gute an Macht gewinnt. Doch all das will erarbeitet sein, und nur mit Geduld und nie versagender Liebe kann das Werk getan werden.

Sagt immer wieder: „ I C H   B I N   das Licht der Welt" und laßt positive Kräfte fließen zum Segen der Erde - zur Auferstehung alles Guten.

                        G A B R I E L   im Dienste des Lichtes

Belehrungen von Elohim Claire

Ich hüte das Licht der Reinheit für dieses Sonnensystem, und ich hüte es auch für jede Menschenseele. Ich erfülle zusammen mit meinen Helfern alles Leben mit diesem reinen göttlichen Licht.

ICH BIN der Elohim der Reinheit und komme abermals, um euch zu beraten und zu helfen. Wir sehen euer Bemühen und möchten es in die rechten Bahnen lenken, damit es zum Erfolg führt. Experimentiert mit all den göttlichen Kräften, die euch zur Verfügung stehen, und ruft die Helfer in Tätigkeit, damit sie eure Kräfte verstärken und damit ihr gemeinsam einen schönen, durchlichteten Körpertempel erbaut, der dem inneren Kern des Menschen Ausdruck verleiht.

Euer äußeres Selbst spiegelt alles wider, was ihr in euch tragt, was ihr mitbrachtet aus früheren Verkörperungen. All das prägt sich nun aus und macht eure Körper meist schwer und müde.

Ihr Freunde des Lichtes, es ist euch gelehrt worden, wie ihr dies ändern könnt, wie ihr Spannkraft und Jugendlichkeit wiedererweckt, die Schatten beseitigt, die ihr angehäuft habt, und wieder zum Ausdruck des göttlichen Menschen werdet. Ihr habt diese Belehrungen in euer Bewußtsein aufgenommen und auch zum Teil damit gearbeitet.

Doch, ihr Freunde, es ist in erster Linie die Intensität und die starke Überzeugungskraft, die hinter einer solchen Arbeit stehen muß, damit sie wirksam wird.

Mit halbem Herzen getan, wird solche Arbeit nicht fruchten. So rufen wir euch wieder auf, die Kräfte des Lichtes in euch zu entfachen, sie durch euer äußeres Selbst zu lenken und von innen her die Umwandlung eurer Körperzellen und die Durchlichtung eures ganzen Selbstes zu betreiben als die einzige Möglichkeit, Spannkraft und Jugendlichkeit zurückzuerhalten. Gleich, welche Kräfte ihr auch immer anwendet - die umwandelnden, reinigenden, die heilenden oder die Flamme der Liebe. Jede birgt in sich die ganze Vollkommenheit, und jede wird eure niederen Körper durchfluten.

Die Lenker all dieser Kräfte stehen euch zu Diensten, ihr braucht dieses Werk nicht allein zu tun, ihr habt Helfer, unsichtbare Helfer, die die Flammenkraft in Tätigkeit bringen, wenn ihr mit der nötigen Überzeugung wirkt.

Keine Macht der irdischen Welt ist imstande, das Licht im Herzen eines Menschen zu schmälern. Es ist unangreifbar für alles Äußere.

Ihr Schüler des Lichtes, die ihr euch bemüht, euer inneres Leuchten zu verstärken, denkt daran, daß euer äußeres Leben, die Hülle, die ihr tragt, die Materie, die euer wahres Leben gefangen hält, nichts anderes ist als die Kristallisation des göttlichen Geistes, der euch belebt, den ihr in euch tragt, dessen Teil ihr seid.

Bei dieser Verdichtung geht die Erinnerung an all die Schönheit der inneren Reiche verloren, und der Mensch glaubt, was mit den äußeren Sinnen erfaßbar ist, wäre das eigentliche Leben. - Aus diesen Banden der Materie muß er sich wieder lösen. Ihr seid auf dem Wege, geliebte Lichtfreunde, und habt noch vielen Menschen dieses Wissen nahezubringen.

Die universalen Kräfte strömen ständig durch alles Leben, doch der Mensch muß sich ihnen noch bewußter öffnen. Die Naturwelt ist durch ihren Anschluß an den göttlichen Willen immer offen für die reinen Kräfte, doch der Mensch hat sich davon abgewandt und ist in die Niederungen des Daseins gestiegen, wohin diese Lichtkräfte nicht reichen. Holt sie herbei, bildet den Kanal dafür, und ihr werdet empfangen, was erforderlich ist für ein Leben in Schönheit, in Reinheit, in der Fülle alles Guten. Eure Lichtfreunde bürgen euch für das eben Gesagte, und es liegt allein an euch, wieviel der göttlichen Kräfte ihr in eure Welt zieht.

Reines, göttliches, unverfälschtes Leben ist es, das in euch nun einströmt, ihr Schüler des Lichtes, bewertet mit den reinen Tugenden in funkelnder Schönheit. Diese Essenz, die ihr nun wieder, mit eurem persönlichen Stempel versehen, verausgabt, sollte ebenso rein und schön bleiben.

Erst dann, wenn ihr nicht mehr imstande seid, ihr eine negative Eigenschaft aufzuprägen - erst dann, ihr Freunde, seid ihr der C H R I S T U S in Tätigkeit!

Das ist das höchste Ziel des irdischen Lebens, erreichbar für jeden Strebenden. Dieses Christuslicht in euch anzufachen, die Reinheit in eure niederen Träger zu strahlen, komme ich. Immer, wenn ihr darum anruft, treten wir in Tätigkeit, und es ist uns eine liebe Aufgabe, der wir uns gern unterziehen.

Die Durchlichtung dieser dichten Materie ist eure Aufgabe, zunächst der des physischen Körpers und dann der inneren Körper. Auch sie haben unter den Schatten gelitten, die im Laufe der Jahrhunderte angesammelt wurden. Als unseren Liebesdienst fegen wir jetzt all diese Schatten eurer inneren Körper hinweg...

Wir durchlichten die winzigen Partikel, die Atome und die kreisenden Elektronen und besonders die Zwischenräume, in denen sich die dunklen Substanzen festgesetzt haben...

All dies schmilzt hinweg, und die strahlende Reinheit, die euer ursprüngliches Kleid bildete, tritt wieder hervor.

Schaut nun dieses reine funkelnde Licht, kristallen und wie Schnee in der Sonne glitzernd, wie es euch durchströmt...

Keine Unvollkommenheit kann dort sein, wo dieses reine Licht eingelassen wird. Die Substanz eurer niederen Körper ist durchlässig, jede Zelle nimmt das reine Licht auf.

Auch in eurem Herzensbrennpunkt lodert die Flamme der Reinheit, und es ist mein Bemühen, sie zu stärkerem Wachstum anzuregen. Der Strom des Lichtes aus meinem Herzen ergießt sich in alle Bereiche. Es ist eine kraftvolle Tätigkeit, die ein herrliches Bild vermittelt - ihr seid nun flammende Lichtbrennpunkte, durchglüht und durchstrahlt von der Flamme der Reinheit.

Ruft mich an, ich werde oft einen solchen Dienst für euch tun, zu jeder Zeit und jeder Stunde, wenn ihr die Reinheit anfordert.

Euch immer in Liebe zugetan, BIN ICH

der Elohim der Reinheit

Visualisationen von Meister Serapis Bey

Verlaßt nun in Gedanken ein wenig die irdische Welt, stellt euch vor, daß ihr in der Strahlung der Aufstiegsflamme steht, spürt ihre belebende Kraft...

Ich nehme euch an die Hand und umgebe euch mit einer schützenden Hülle, so daß ihr näher an die Flamme herantreten könnt... Es ist eine so hohe erhebende Schwingung, die euch durchdringt, daß eure niederen Körper sie kaum erfassen können, und doch wirkt sie in euch, beflügelt die geistigen Kräfte.

Seht euch eingehüllt in den Strom der heiligen Flamme - die Liebe meines Herzens ist mit euch.

* * *

Öffnet weit euer Bewußtsein der strahlenden Kraft der Aufstiegsflamme und stellt euch nun vor, wie ihr, in einen schützenden Mantel gehüllt, an den Brennpunkt der Flamme herantretet. Euch diese Flammenpracht zu schildern, fehlt es in der irdischen Welt an Worten. Es ist ein funkelndes kristallenes Licht, als würden unaufhörlich Diamanten in die Höhe geschleudert, die von innen her leuchten und funkeln, dazwischen das weiße, etwas milchige Licht, und so steht ihr nun und atmet diese Kraft ein...

Es ist ein kostbares Lebenselixier, das euch mit dieser Flamme zur Verfügung steht - macht oft davon Gebrauch - es gibt euch Spannkraft und Begeisterung für eure Arbeit.

Legt immer wieder während des Tages kleine Pausen ein - verbindet euch mit eurer inneren Quelle. Seht euch in einem Kanal aus funkelndem Licht stehend.

Über diesen Lichtkanal fließt alles in euch ein, was euch vorwärtsbringt, was eure inneren Kräfte erweckt und erweitert. Stellt euch diesen Kanal immer wieder vor - erfüllt mit dem reinen funkelnden Licht, das in euch eintritt...

In diesen offenen Kanal sende ich die Kräfte der Aufstiegsflamme... schaut, wie sie weiß-funkelnd in euch eintritt... wie sie euch mit ihrer Strahlung überschüttet und ihr durchglüht seid von ihrem reinen Licht...

***

Schaut euch, ein jeder von euch, in einem herrlichen Kelch stehend, weiß von funkelnder Substanz - und laßt diese reine kristallene Strahlung auf euch wirken...

Jetzt laßt diese Strahlung der Reinheit - die Kräfte des Aufstiegs hinausfluten - seht, wie sich dieses funkelnde kristallene Licht über den ganzen Planeten ergießt und alles Leben durchdringt. Jeder Lebensstrom erhält einen neuen Impuls - die Flamme im Innern eines jeden wird angeregt, und der Glaube an das Gute wird wieder entzündet.

* * *

Abschlussworte
von Meister Serapis

Das Tor, das zur Erfüllung eures Lebensplanes führt, ist weit geöffnet. Ihr werdet erwartet von den euch vorangegangenen Brüdern und Schwestern, die euch den Weg bis hierher führten.

Ist es nicht ein lohnendes Ziel, ihr Freunde? Wir, die wir euch vorangingen, kennen die Wege der Menschen, und deshalb kommen wir wieder und wieder, um euch zu zeigen, wo die Fußangeln liegen, euch vor Nebenwegen und Umwegen zu bewahren, euch den Weg zu erleuchten und Kraft und Hilfe zukommen zu lassen.

Diese Worte werden wir wiederholen, bis sie mit feurigen Buchstaben in euren Herzen stehen. Wir haben den Schwur geleistet, der Erdenmenschheit voranzuhelfen, wir haben euch als unsere geliebten Schüler angenommen, und wir werden dieses Werk vollenden! Doch ihr, die ihr uns folgt, müßt in unsere Fußstapfen treten.

Dieser Dienst, den wir den Menschen auf Erden und vor allem den geliebten Schülern leisten, hat uns an die Erdatmosphäre gefesselt. Wir fühlen uns gebunden an den großen Evolutionsvorgang dieses Planeten mit all seinem Leben. Doch es ist nicht selbstverständlich, daß wir so manches für die lieben Schüler tun, wovon sie meist nichts ahnen. - Es ist unsere große Liebe zu diesem Werk, die Liebe zu all denen, die wie ihr auf diesem Weg ein wenig aus dem trüben Dunst der Erdatmosphäre herausragen und etwas von den bisher ungesehenen Dingen wahrnehmen...

Diese Entwicklung zu fördern, entspringt unserer Liebe. Diese Liebe, ihr Freunde, ist für euch noch so unfaßbar, daß ihr sie nur ganz am Rande begreifen könnt. An den Hilfen, die ihr spürt, erkennt ihr sie, aber auch an der Strenge, an der Disziplin, die wir von euch erwarten - auch sie entspringt unserer Liebe, und wir erwarten hingebungsvolle Herzen, die das Gebot der Stunde erkennen und sich ebenfalls in Liebe und Hingabe unserem Werk anschließen.

Wir müssen von denen, die uns folgen, die Reinheit des Herzens erwarten, und so laßt es euer inniges Bemühen sein, nur reinen, klaren Beweggründen zu folgen, die dem Sinn und dem Zweck unserer gemeinsamen Arbeit dienen. Dieses reine Licht eurer Herzen ist Anziehungspunkt für alles Gute, das so frei für euch verfügbar ist.

Die reiche Fülle steht jedem Gotteskind zu, und es liegt allein an jedem einzelnen, wieviel davon in seine Welt fließen kann.

Ich segne euch und lege meine ganze Liebe in die Arbeit mit den Schülern, auf daß die Verbindung immer stärker und machtvoller für euch werde und immer mehr der reinen göttlichen Kräfte in eure Welt strömen können. So werdet ihr in nicht zu ferner Zeit an diesem weitoffenen Tor stehen, nicht mehr wie jetzt als Schüler, die wir immer wieder anfachen und belehren müssen, sondern als unsere Brüder und Schwestern, als Partner bei unserem großen Liebeswerk für die Erde.
Die Liebe meines Herzens umfängt euch und hält das Tor in die ewige Freiheit offen.

SERAPIS aus Luxor

Halte das Tor uns geöffnet,
hilf uns die Lichtwelt zu seh'n,
mit Disziplin und Gehorsam
in die Vollendung zu geh'n.
In alle Reiche auf Erden
strömt Deine Flamme nun ein.
Freiheit und Sieg soll hier werden,
Erde, dein Aufstieg wird sein!

Sei Du gesegnet, SERAPIS,
Liebe und Licht fluten ein,
nimm uns're Liebe entgegen,
uns're Verehrung sei Dein!
Wahrheit und Treue zum Dienen
Dir und der Herzflamme Dein,
Heil Euch, Getreue von Luxor,
Reinheit und Aufstieg laßt sein!

INHALT

Kosmische Brennpunkte in Atlantis 7

Der Tempel in Luxor 10

Meister SERAPIS rät uns in einer Botschaft   13

Sprengt die Grenzen eures Bewußtseins!
Das verlorene Paradies 15
Es gibt keinen Tod 18
Das Reich der Schläfer 24
Die Erdgebundenen 25
Karma 29
Leben in den jenseitigen Reichen 32
Die Lichtarbeiter 36
Meister EL MORYAS Aufruf
an die Lichtarbeiter. 39
Das Harmonisieren der vier niederen Körper . . 42

Kandidat für den Aufstieg
Luxor, die letzte Stufe 52
Der Aufstieg - Beispiel JESUS CHRISTUS . . 53
Einladung von Meister SERAPIS 57

Schulungen in Luxor
Das Innere des Tempels 60
Was bedeutet Aufstieg? 63
JOHANNES berichtet über den Aufstieg
von JESUS CHRISTUS · · · · · · · · · · · · · 65
Aufstieg ins Licht   68

Belehrungen von Meister SERAPIS BEY 70

Lektionen
- Hinweise 84
- Verlaßt die Wege der seichten Freuden und Genüsse 88
- Keine Begrenzung mehr annehmen 90
- „Gut" sein 92
- Besiegt eure Rebellion 94
- Erhebt euer Bewußtsein 96
- Seid kein Asket 98
- Sei Du selbst 100
- Vorbild sein 102
- Seid ein Lichtbrennpunkt 104
- Kommt in meine Aura 105
- Umgebt euch mit einem Mantel aller sieben Strahlen 108
- Besteht eure Prüfungen 111
- Kandidat für den Aufstieg 114
- Das Tor von Luxor - die Vollendung unseres Aufstiegs 116

Die sieben Tempel der Einweihung 117

S ERAPIS, unser liebender Freund 126

Belehrungen von Erzengel G ABRIEL 128

Belehrungen von Elohim C LAIRE 132

Visualisationen von Meister S ERAPIS B EY . . . 137

Abschlußworte von Meister S ERAPIS 141

Lied an S ERAPIS 143

Weiterführende Literatur

- **Meister Saint Germain**
  Die umwandelnde Kraft der violetten Strahlung

- **Konfuzius**
  Der Tempel der Präzipitation

- **Die Elemente**

- **Die Entwicklung der Menschheit im Lichte der Weisheitslehren**

- **Lichtstätten** der Großen Weißen Bruderschaft

  Die Brücke zur Freiheit e.V., Berlin

SCHWENK
DIE DRUCKEREI

FROMMERN · ROHRACKERSTRASSE 4 · 72336 BALINGEN
TEL. 0 74 33 / 99 38 - 0 · FAX 99 38 22